傳教大師の生涯と教え

天台座主恵進

題字●天台座主　渡邊惠進猊下

根本中堂（所蔵・提供／比叡山延暦寺）

伝教大師の生涯と教え

目次

はじめに

テレビの実況中継でロケットの発射実景を見ることがあります。点火何秒前。五・四・三・二・一。発射。一・二・三…。とカウントが続いていきます。来るべき未来を予測して、五・四・三と数え、今現在の時に発射、その発射から一・二・三と数が進み、発射の時点が過去へと移って行くのです。

時間とは不思議な存在です。時間の座標軸をしつらえないと、無事にロケットを発射させることは困難なことになるでしょう。

この考え方は未来が現在を通って過去のものとなるということが基本にあります。釈尊亡き後、大乗仏教が出現する間に発展した阿毘達磨（アビダルマ）学における時間に対する考え方もこれと同じでした。いわゆる「三世実有《さんぜじつう》」、「法体恒有《ほったいごうう》」と呼ばれる考え方です。すなわち、すべての存在は過去・現在・未来の三世にわたって実在するということです。

大乗仏教が出現するとこれを修正する考え方が現れました。

未来というのは、現在の中に求めることが出来ないから未来（いまだ来たらず）というのであり、ということは、未来は決して現在に来ることがないのです。

過ぎ去っていった過去というものは、現在に戻ってくることがありません。現在の中に過去を求めても、現在の中には過去は求められないのです。

過去の中に現在を求めようとしても、過去の中には現在は求められないのです。

そのことは、現在は過去に移っているのではないという考え方であります。

それでは一体時間とは何なのでしょうか。

結局、現今、いま、この一瞬というものの中に過去も現在も未来も一体となって動いているということなのです。

この一瞬一瞬の中に三世が動いているのですから、われわれは新しい過去を発見し、すばらしい未来を画き、今この自分自身を新たに改革し、新しい自分を創造することが可能になるのです。

予想される未来が、現在を通過し、過去の遺物となるのだと考えるのでなく、一瞬一瞬の中に新しい未来と新しい現在と新しい過去を創造するのだと考えることによって、自分の人生を新しく見直すことが可能となるのです。

天台大師は、次のように述べています。

「丈を去って尺に付き、尺を去って寸に付け」と。このことはそのようなことを語っているのでしょうか。私たちはどうしても生まれてこの方、過ごしてきた過去の重荷を背負って生きるのであって、何らかの形でその重荷が負担となって、自己改革することができないのです。

人生の来し方を想い、長いスパンで思いの中にひたると、そこから脱出することは不可能になります。

仏を信じ、法を信じ、己を信じ、生きようとするならば、自分の人生を長いスパンで想い起こすことは出来るだけ止めることが良いことになります。

そして少しずつ想いを短くし、朝起きてからの行動を振り返り、反省するようにしながら、いま、現今、いかにあるかに思いを致すようにするのです。

そうすると仏道に精進する新しい自分が発見され、そこに一念の三千という世界が展開しますよ、と天台大師は訴えているようにも思えるのであります。

ここに新しく編纂し直した伝教大師に関する書物を読むということは、示されている事柄を知識として吸収するということでなく、千二百年の時空を超えて、大師にまみえ、自分の生き方ははたしてこれでよいのだろうかを問い、その答えをもらえるように努力することなのです。

はるか千二百年も前の、現代とは何の縁もゆかりもない大師の事蹟を知識としてたくわえても何の役にも立ちません。大師の事蹟・言葉一つ一つが、曇れる私の目を開き、今の私に何を訴え、何をさせようとしているのかを自受すること、そのことがこの書物の持つ真の意味なのです。

仏教の教え、特に大乗仏教の教えのどの一つを取っても、それを実現することはなかなか困難なことです。しかし困難であるからとそれを放っておけば未来は存在しないのです。

必ず仏の加護があり、一挙手一投足の中に明るい未来はほの見えてくるのだと信じて歩みましょう。

大正大学人間学部教授　多田　孝正

第一章　伝教大師の生涯と思想

一、ご誕生から比叡入山まで

伝教大師誕生

伝教大師最澄《でんぎょうだいしさいちょう》さまは天平神護二年（七六六）、近江《おうみ》国、今の滋賀県大津市でお生まれになり、幼名を「広野《ひろの》」と名付けられました。生年については、伝統的には『叡山大師伝《えいざんだいしでん》』などによって、神護景雲元年（七六七）とする説がありますが、戸籍上では天平神護二年（七六六）となっており、得度《とくど》の折の証明書などの公式文献ではこの生年に基づいた年令が記されています。

父親は三津首百枝《みつのおびとももえ》といい、その先祖は中国、後漢時代の皇帝の子孫であったと伝えられていますので、もともと渡来人の血を引く家系であったようです。伝教大師のご誕生には、両親が比叡山のふもとに草庵をたてて子宝を祈願したという逸話が残されています。

伝教大師は幼少の頃より非常に聡明であり、十三歳の時に近江の国分寺に入って行表《ぎょうひょう》の弟子となりました。そして十五歳、出家して僧籍に加えられる最初の儀式である得度を許され、本格的に仏教の勉強に取り組むことになります。この時、「最澄」の名をいただいたのです。

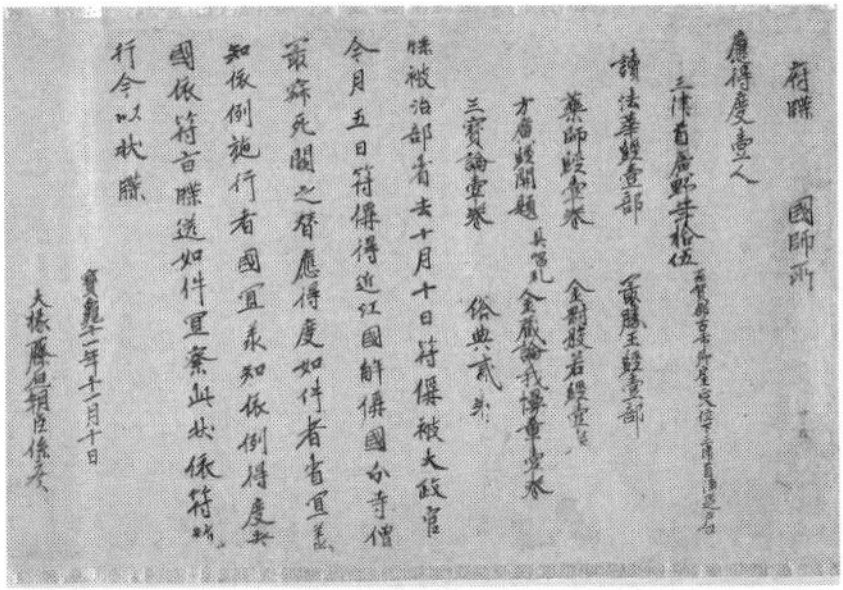
国府牒（所蔵／大原 来迎院）

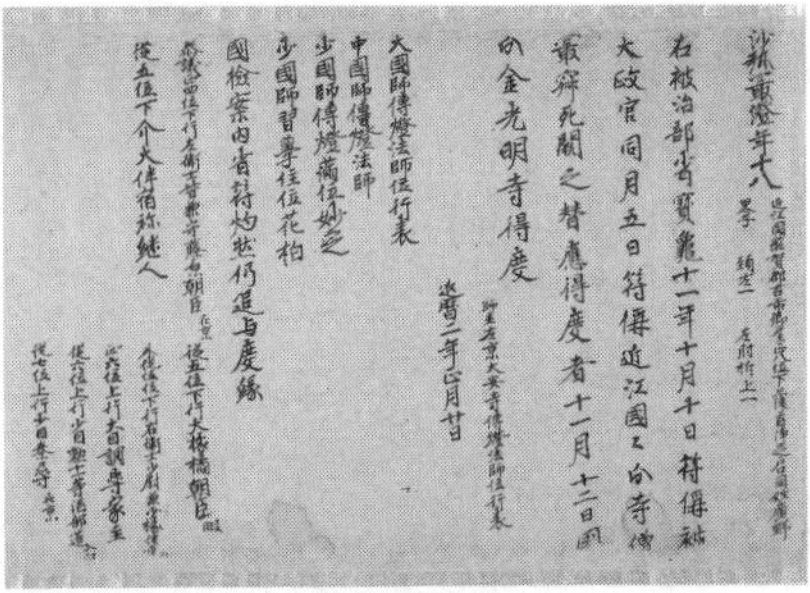
度縁案（所蔵／大原 来迎院）

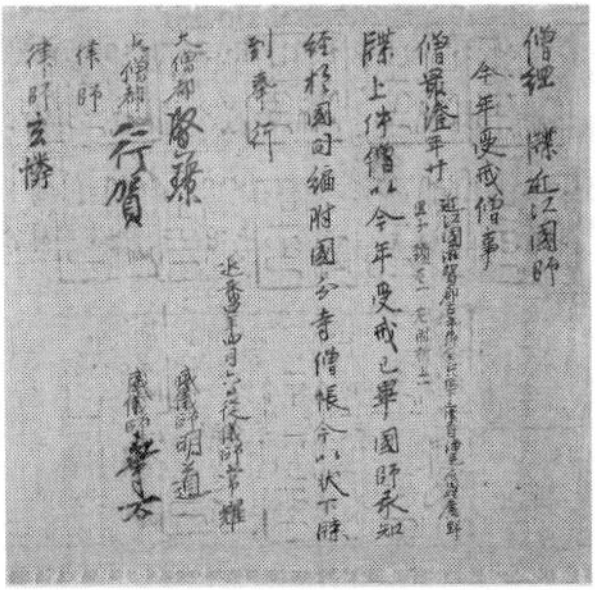
戒牒（所蔵／大原 来迎院）

心を一乗に帰すべし

青年僧であった伝教大師は、師の行表から「心を一乗《いちじょう》に帰すべし」という教えを受けました。

一乗というのは一つの乗り物ということです。乗とはわれわれを迷いの世界から悟りの世界へと運んでくれる乗り物のことで、釈尊の教えを意味します。ただし、一乗に対しては、三乗《さんじょう》というとらえ方もあり、声聞乗《しょうもんじょう》・縁覚乗《えんがくじょう》・菩薩乗《ぼさつじょう》の三つの乗り物があるとしています。つまり釈尊の教えを受け取る人々の能力の差に応じて、教えにも三つの違いがあると考える立場です。

ちなみに声聞とは、教えを聞く人という意味です。仏の説法を聞き、自らのためだけに修行をする人々を指します。

縁覚とは独覚《どっかく》ともいい、仏の直接の指導を受けることなく、ひとりで修行を完成させた人のことをいいます。

菩薩とは、仏と同じ悟りの世界へと進むことを、目的としている人たちのことです。さらに、菩薩は自分だけではなく、他の人々も共に仏の世界へ向かうことを目指す存在なのです。

三乗の立場では、菩薩だけが仏の悟りに進むことができると考えます。それに対して、一乗の立場は、このような三つの差別はなく、すべての人々が仏の境地へと至ることができると考えるのです。

行表の言葉である「心を一乗に帰すべし」というのは、「すべての人々が仏の世界へと進むことができる」ということを信じて、仏教を広める努力をしなさいという意味なのです。

伝教大師の一生は、この教えにすべてが捧げられたといっても過言ではありません。伝教大師が広めた天台宗は、まさに「一乗」を実現することを目指した教えなのです。

比叡入山

延暦四年（七八五）四月、二十歳の大師は東大寺で、正式な僧侶となるために必要な具足戒《ぐそくかい》を受けて、国家公認の僧侶の資格を得ました。いわばエリート僧として前途洋々でした。

しかし受戒後、三カ月ほどして比叡山に入ってしまいます。当時、正式な僧が山林で修行することも認められていたようでありますし、大師の故郷に近い比叡山は昔より霊山として知られていました。

入山の動機については、南都奈良での体験によって俗世の無常を観じ、また深い自己反省のもとに山林でのさらなる修学を志したともいわれますが、当時所属していた近江の国分寺が火事によって焼失したことも、原因の一つとしてあげられます。

入山して間もなく、伝教大師は修行の決意を述べた『願文《がんもん》』を著し、五つの誓願を立てられ

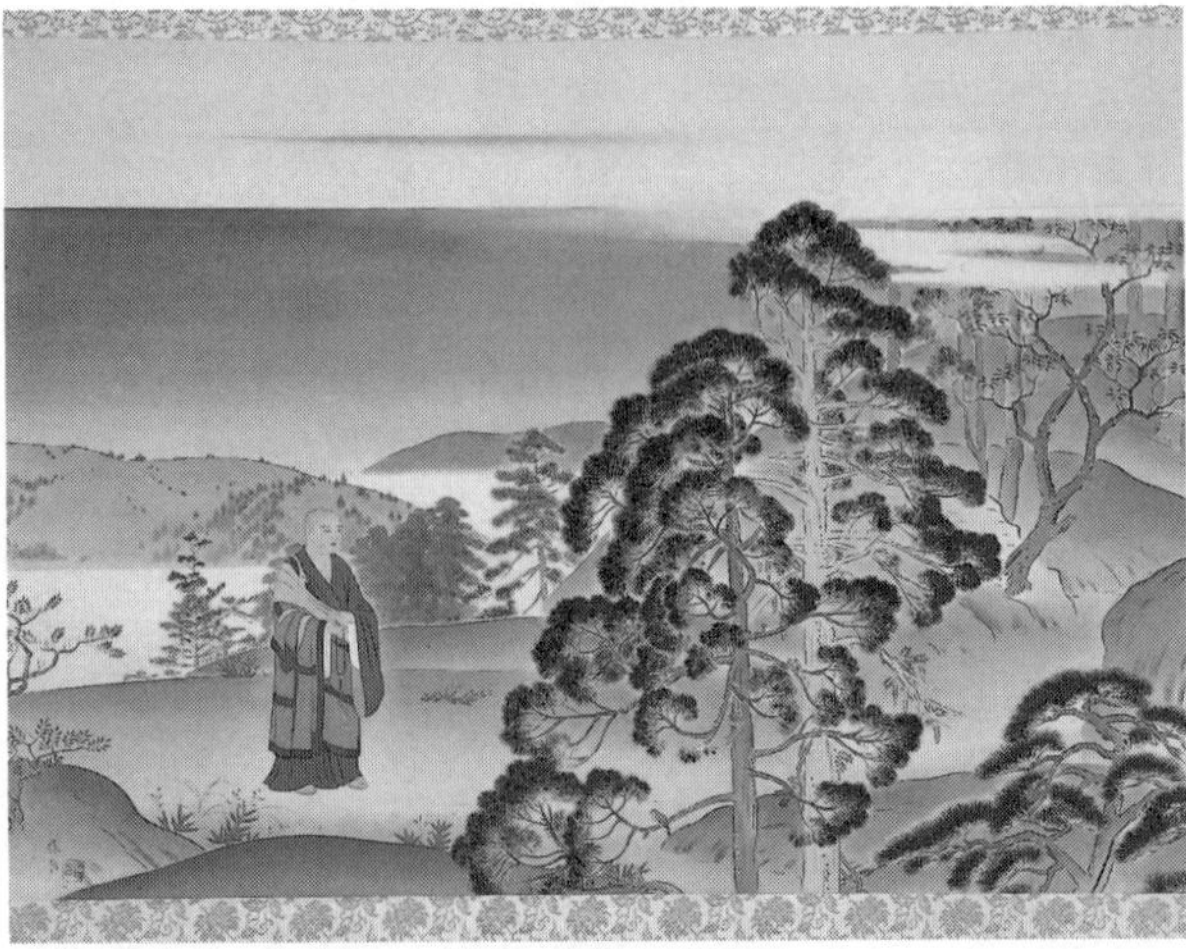

伝教大師絵伝　比叡入山（提供／比叡山延暦寺）

ました。それは、

一、ものを見るこの眼や自分の意《こころ》が仏に近く清浄にならないうちは、世の人を導くことは決してしない。

二、真理を見尽くす心を持たないうちは、仏道以外のことは決してしない。

三、戒律を満足に守れないうちは、施主が招待する法会には決して出ない。

四、何ものにも執著しない智慧を体得しないうちは、世俗的な付き合いは決してしない。

五、この現世で修行した功徳を自分ひとりのものに決してしない。命あるものに広く廻《めぐ》らし与え、皆がこの上のない覚りを得られるようにしよう。

というものです。大師の並々ならぬ決心がうかがえます。

二、比叡山の拡充と法華十講

比叡山寺の建立と拡充

伝教大師は比叡山に登り修行と学問ひとすじの生活に入りました。おそらく当初は、さほどの後援者もなく庵《いおり》のようなところに住んでいたと思われますが、時がたつにしたがって大師を慕う同行の志が集まり弟子も増えてきたようです。延暦七年（七八八）に至り、大師はここを天台教学に基づく新しい仏教の根本道場にすべく、比叡山寺《ひえいざんじ》の建立を決意しました。

時に、

阿耨多羅《あのくたら》三藐三菩提《さんみゃくさんぼだい（さみゃくさぼち）》の仏たち
我が立つ杣《そま》に　冥加《みょうが（めか）》あらせ給え

と詠じ、また自ら薬師如来像を刻んで、これを安置し灯明を供えて、

明《あき》らけく　後の仏の御世《みよ》までも
光り伝えよ　法《のり》のともしび

と歌を捧げたと伝えられています。

この時の灯明が現在も根本中堂《こんぽんちゅうどう》に灯されている、いわゆる不滅の法灯であり、またこの年を天台宗の開創とみる考えもあります。

この寺は初めは一乗止観院《いちじょうしかんいん》とも称し、後に根本中堂と呼ばれるようになりました。「延暦寺《えんりゃくじ》」の寺号は、弘仁十四年（八二三）、朝廷より賜ったものです。

その後、諸堂も次第に整備され始めました。また延暦十六年（七九七）には、三十一歳で朝廷より内供奉十禅師《ないぐぶじゅうぜんじ》に任命されています。これは宮中に設けられた道場で、天皇の間近に奉仕する有力な僧の一人に選ばれたことを意味しており、大師の存在が

不滅の法灯（提供／比叡山延暦寺）

はじめて世に認められることになったのです。

法華十講の始まり

比叡山において修行生活の基礎が確立し、教団としての形がまとまってきますと、伝教大師は一切経《いっさいきょう》をそろえる計画に着手しました。この事業にはともに山上にあった仲間や弟子たちが尽力しましたが、一字一字書写するわけですから人力と費用の面で限りがあります。

　そこで大師は奈良の各寺に援助を依頼したところ、これに応じて大安寺の僧が全面的に協力

伝教大師絵伝　十講始立（提供／比叡山延暦寺）

を申し出てくれたのです。また東国の有力な仏教指導者、道忠《どうちゅう》（七三五頃〜八〇〇頃）は大師の志をくんで大量の仏典を送ってくれました。道忠の教団はその後も大師と深い関係を持つようになりました。

　このように比叡山に経典が完備していきますと、伝教大師は『法華経』を講説する法会を企画しました。いわゆる法華十講《ほっけじっこう》です。これは『法華経』の開経である『無量義経《むりょうぎきょう》』一巻、『法華経』八巻、結経である『観普賢菩薩行法経《かんふげんぼさつぎょうぼうきょう》』一巻の合計十巻を、講師十人が一巻ずつ受けもって、その内容を講義することです。

　この法会は十一月二十四日、中国で天台宗を開いた天台大師《てんだいだいし》智顗《ちぎ》（五三八〜五九七）への報恩の意味も込め、その命日にあわせて開催されました。そして、今も続く霜月会《しもつきえ》の始まりとなったのです。法華十講は延暦十七年（七九八）から毎年、比叡山で行われましたが、延暦二十年（八〇一）には奈良の高僧十人を招くなど、その規模も拡充し、伝教大師の学識は次第に世に広く知られるようになりました。

　そして、延暦二十一年（八〇二）には、仏教信仰のあつかった和気清麻呂《わけのきよまろ》の息子、弘世《ひろよ》と真《ま》綱《つな》の兄弟に招かれて、平安京西北の高雄山寺《たかおさんじ》（現在の神護寺）において天台の教義を講義し、大師の名声はいよいよ高まったのです。

三、唐へ渡り天台山へ

入唐の上奏

高雄山寺での講義をきっかけに、朝廷内でも伝教大師や天台の教義に対する関心がよせられ、時の桓武天皇《かんむてんのう》は天台の教えを広めるにはどのようにしたらよいか、和気弘世に意見を求めました。そこで、弘世は大師と相談し学僧の入唐を上奏しました。正統な天台教学を学び、天台の典籍を補う必要性があったからです。

この申請は直ちに許可され、伝教大師ご自身が還学生《げんがくしょう》として任命されました。還学生とは一定の期間中に戻ることが義務付けられた学僧のことで、期限を定めず長く留まる僧は留学生《るがくしょう》と呼ばれました。桓武天皇は、大師に短期間で戻ることを望まれ、還学生とされたのです。

延暦二十二年（八〇三）四月、伝教大師は通訳僧、義真《ぎしん》をともない、第十六次の遣唐使船に同乗し現在の大阪湾から出発しました。

しかし、暴風雨のため遣唐使の渡海は一旦中止され、大師はその後、九州に滞在することになりました。この期間に伝教大師は太宰府の竈門山寺《そうもんざんじ》で薬師如来像四体を刻み、また賀春神宮寺《かわらじんぐうじ》や宇佐《うさ》

伝教大師絵伝　入唐渡海（提供／比叡山延暦寺）

八幡《はちまん》にも参拝して、渡航の安全を祈願したといいます。

明けて延暦二十三年（八〇四）七月、中国の貞元二十年、再び遣唐使船団が出航しました。今回もまた暴風にあい困難をきわめましたが、伝教大師の祈りが通じたのでしょう、大師の乗った船は無事、明州鄮県《ぼうけん》に到着しました。現在の浙江省寧波《せっこうしょうねいは》の付近です。ところで、この遣唐使団には真言宗の開祖である弘法大師空海《こうぼうだいしくうかい》も留学生として加わっており、空海が乗っていた船ははるか南方の福州まで流されてしまいました。

天台山での受法

上陸後、遣唐大使一行は長安へ向いましたが、伝教大師はしばらく体を休めた後に、いよいよ天台山へ出発することとなります。九月十五日明州を出発した大師は、この月の下旬には天台山のある台州《たいしゅう》、現在の浙江省臨海《りんかい》に到着しました。

当時の天台山は、天台第六祖、荊渓大師《けいけいだいし》湛然《たんねん》（七一一～七八二）の弟子である修禅寺《しゅぜんじ》の道邃《どうずい》と仏隴寺《ぶつろうじ》の行満《ぎょうまん》が指導的立場にありました。道邃はたまたま台州の長官、陸淳《りくじゅん》の招きに応じて台州の龍興寺《りゅうこうじ》で天台法門の講説を行っていましたので、伝教大師はここで道邃に出会いました。道邃は大師のために、さっそく天台典籍等の書写の段取りを整えてくれたのです。

台州にしばらく滞在した後、伝教大師は十月の初めに本来の目的地である天台山へ入りました。天台山は台州の北方約六〇キロに位置し、海抜一、一三八メートルの華頂峰《かちょうほう》を主峰とする山系で、言うまでもなく天台大師以来の天台宗の本拠地で

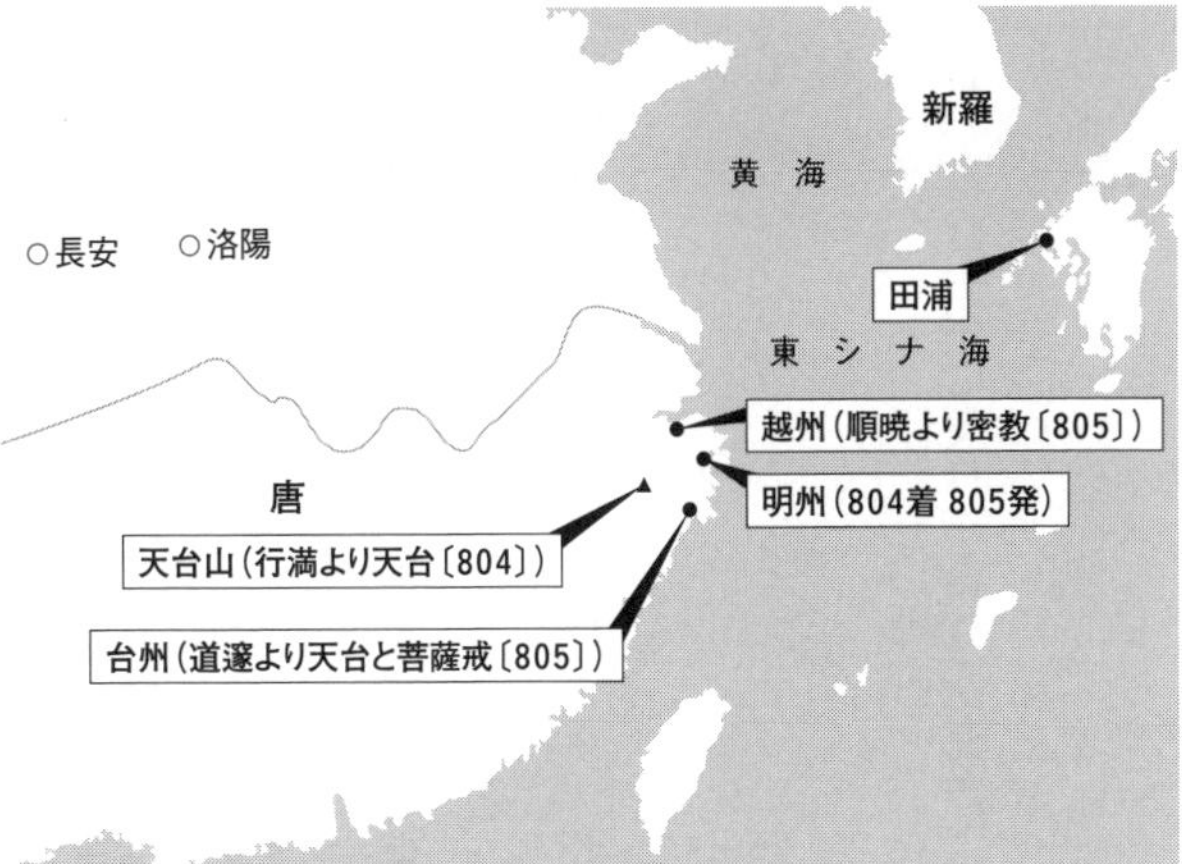

伝教大師遍歴図（中国）

あります。現在も国清寺《こくせいじ》をはじめとする諸堂宇、旧跡が山内に点在しています。ここで伝教大師は、行満から天台教学を授かりました。

行満は大師に、

昔、天台大師が弟子達にお告げになりました。「私の滅後二百年して始めて東国に私の教えが弘まるであろう」と。そのお言葉は本当でありました。今、その人に会うことが出来ました。私の学んでいる教えを日本の師に授けましょう。本国に持ち帰り伝え弘めて下さい。

と語り、天台の典籍を与えたといいます。

大師は天台山で禅林寺《ぜんりんじ》の翛然《しゅくねん》より禅の教えも伝受され、再び台州に戻り、さらに道邃について天台教学を学ばれました。

四、帰朝と天台宗の開宗

菩薩戒と密教の受法

延暦二十四年（八〇五）三月、龍興寺の極楽浄土院《ごくらくじょうどいん》において、伝教大師は唐僧と共に道邃より大乗の菩薩戒《ぼさつかい》を受けました。このことは大師の後半生の悲願が大乗戒の確立にあったことを思いますと、貴重な経験だったことでしょう。その後、大師は遣唐使船の出航までの期間を利用して越州、現在の紹《しょう》興《こう》の龍興寺を訪れ、順暁《じゅんぎょう》より密教の相承《そうじょう》を受け、帰朝することになったのです。

伝教大師は還学生の身分で入唐したため、長期滞在は許さ

峰山道場（提供／野本覚成師）

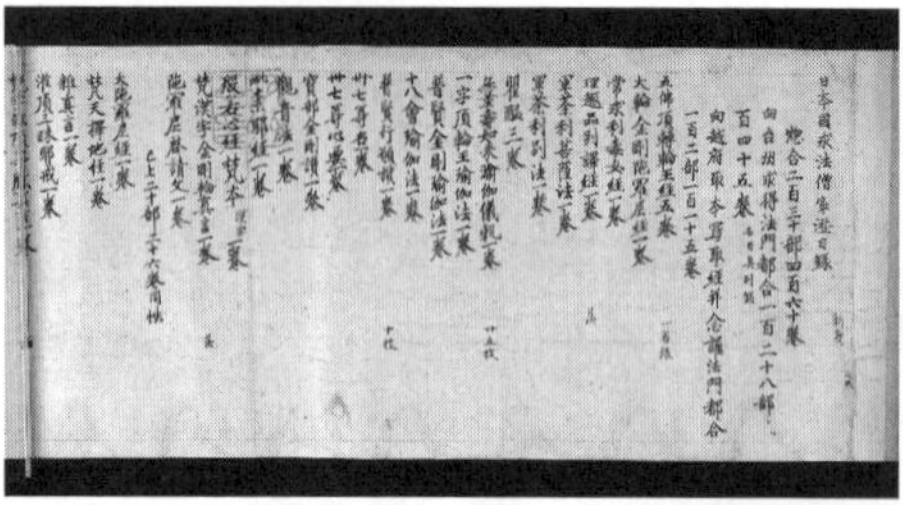
日本国求法僧最澄目録
惣合二百三十部四百六十巻

伝教大師請来目録（所蔵／比叡山延暦寺）

れず実質的には八カ月あまりの中国留学でした。この間に精力的に天台法門を学び、菩薩戒を受け、中国禅宗の一派である牛頭禅《ごずぜん》を伝承し、さらに短い間に密教の相承までも受けました。

そして五月、大師は中国で入手した多くの典籍や仏具とともに、帰りの遣唐使船に乗って出発しました。この航海は比較的順調で、入唐の時は五十日余りかかったのに対して十五日ほどで対馬に到着しています。

帰国後、大師はただちに上京して帰朝の報告をしました。この時の上表文に、二百三十部四百六十巻の経論類を将来したこと、また金字の『法華経』七巻をはじめとする経典類、「天台大師霊応図《れいおうず》」一張、および天台山で入手した仏具類を桓武天皇に進上することが述べられています。

天皇は伝教大師の将来した天台の法門を天下に流布させたいと望み、宮中で用いる上紙を支給して、南都七大寺のために七部ずつ書写させました。この作業は朝廷内で行われ、弘仁六年

（八一五）になって完成しました。時の嵯峨天皇《さがてんのう》は、『摩訶止観《まかしかん》』の題を金字で書き七大寺に安置したといいます。

また京郊外の天台院において、学僧らに天台教学を研究させましたが、この中には法相宗《ほっそうしゅう》や三論宗《さんろんしゅう》の僧も含まれていました。このように新しい天台の教えは、天皇や朝廷の後援もあってわが国に広まっていきました。

天台宗の開宗

伝教大師が中国より最も伝えたかったのは天台法華教学でしたが、大師に期待されていたものはむしろ密教でした。そのことは帰朝報告後、和気弘世に対して密教の秘法である灌頂《かんじょう》に関する勅令が発せられていることからうかがえますし、『叡山大師伝』には天皇のことばとして、真言の秘法はまだ日本に伝わっていない。しかし最澄師が幸にもこの道を得て帰国した。まことに国の師である。諸寺の優秀な僧侶を選んで灌頂を受けさせるがよい。

とあります。そしてこれに応じて和気氏ゆかりの寺であり、かつて大師も講義したことのある高雄山寺に灌頂の壇が作られ、仏像や大曼荼羅《だいまんだら》等の準備が進められました。

延暦二十四年（八〇五）九月七日、日本で最初の灌頂の儀式が行われました。この時、天皇

伝教大師絵伝　高雄灌頂（提供／比叡山延暦寺）

の身がわりとして参加した二人の禅師と、六人の僧が大師のもとで灌頂を受け、その直後に再び勅命によって、灌頂や宮中における密教修法が行われています。この矢つぎばやの密教法会は、当時桓武天皇が病に冒されており、権威ある祈祷法が求められていたことと無関係ではありませんでした。

伝教大師に対する天皇の信頼は非常に大きく、延暦二十五年一月、大師が天台法華宗にも年《ねん》分度者《ぶんどしゃ》を認めてもらいたいと上奏すると、その月のうちにこれが認可されました。

この時、大師は、

一目の網では鳥を捕まえることができないように、一つや二つの宗派で、どうして広大な仏教を汲みつくすことができましょうか。

と主張しました。

これにより、華厳宗二人、天台宗二人、律宗二人、三論宗三人（成実宗《じょうじつしゅう》一人を含む）、法相宗三人（倶舎宗《くしやしゆう》一人を含む）の計十二名が、毎年規則的に得度を許されることになったのです。これを年分度者といいます。ここに天台宗は一宗として国家に公認されることになり、日本天台宗の開宗が実現しました。そして、二人の年分度者のうち、一人は天台教学を学び、一人は密教を学ぶこととされました。

ところで密教に関しては、空海が長安で専門的に学び、多くの経論や仏具類をたずさえて、伝教大師より一年余り後に帰朝しています。大師は天台宗の密教の不充分さを補うために、空海よりたびたび書物を借りたり、弘仁三年（八一二）には空海のもとで灌頂をも受けております。

しかし、将来を期待した弟子、泰範《たいはん》が空海のもとに去り、また『理趣釈経《りしゆしやくきよう》』という書物の借用をめぐって空海の密教観との相違が顕わになり、両者は別の道を歩むこととなりました。比叡山の密教が充実するのは、慈覚大師円仁《じかくだいしえんにん》（七九四〜八六四）や智証大師円珍《ちしようだいしえんちん》（八一四〜八九一）の時代になってからです。

密教とは

仏教では、人間のはたらきを三つの要素に分類します。体と言葉と心のはたらきです。これを身口意《しんくい》の三業《さんごう》といいます。

密教では、この三業を三密《さんみつ》と呼び、この三密を仏と同じにすることを目標にしています。具体的には、仏と同じ印《いん》を結び、仏の言葉である真言《しんごん》を唱え、仏と自分自身が一体であるということを心にイメージするのです。

また、仏の世界を具体的にわかりやすく表現するために、曼荼羅《まんだら》と呼ばれる図を用います。胎蔵界《たいぞうかい》と金剛界《こんごうかい》の二つの曼荼羅が代表的であり、すべての仏の中心に、大日如来がおかれます。

胎蔵界とは『大日経《だいにちきょう》』に説かれる世界です。胎蔵というのは、母親のお腹のことを意味します。すべての人々は母親の胎内で次第に育ち成長していきます。これと同様に、大日如来の慈悲によって、如来の胎内ですべての人々の仏の心が、生まれ育っていくということをあらわしたものです。

金剛界とは『金剛頂経《こんごうちょうきょう》』に説かれる世界です。金剛とはダイヤモンドのことで、堅固で絶対に破壊されないものを意味します。仏の真実の智慧は永遠であるということから、それを金剛にたとえているのです。このような仏の智慧の世界を図としてあらわしたのが、金剛界曼荼羅です。

また密教では、その奥義を伝えるための儀式である灌頂が重要視されます。伝教大師は唐から帰国する船を待つ間に、越州で順暁から灌頂を受けました。

このようにして、一乗仏教を求めた伝教大師は、だれもがその身そのままに、仏となることを実現できる密教も日本に伝えることになったのです。

両界曼荼羅（胎蔵界）
（所蔵／太山寺）

両界曼荼羅（金剛界）
（所蔵／太山寺）

五、九州へ東国へ

教化の旅

伝教大師は先に入唐をこころみた時、海難により遣唐使船の出航が一年延期されました。そのため九州に滞在し、仏像を刻んだりその地の神仏に参拝して、渡海の願が成就することを祈りました。このいわばお礼参りとして、弘仁五年（八一四）の春、九州へ赴きました。

まず筑紫《つくし》国で千手菩薩像一体を造り、『大般若経』二部、『法華経』一千部を製作したといいます。菩薩像は太宰府竈門山寺に安置されたのかもしれません。また『法華経』

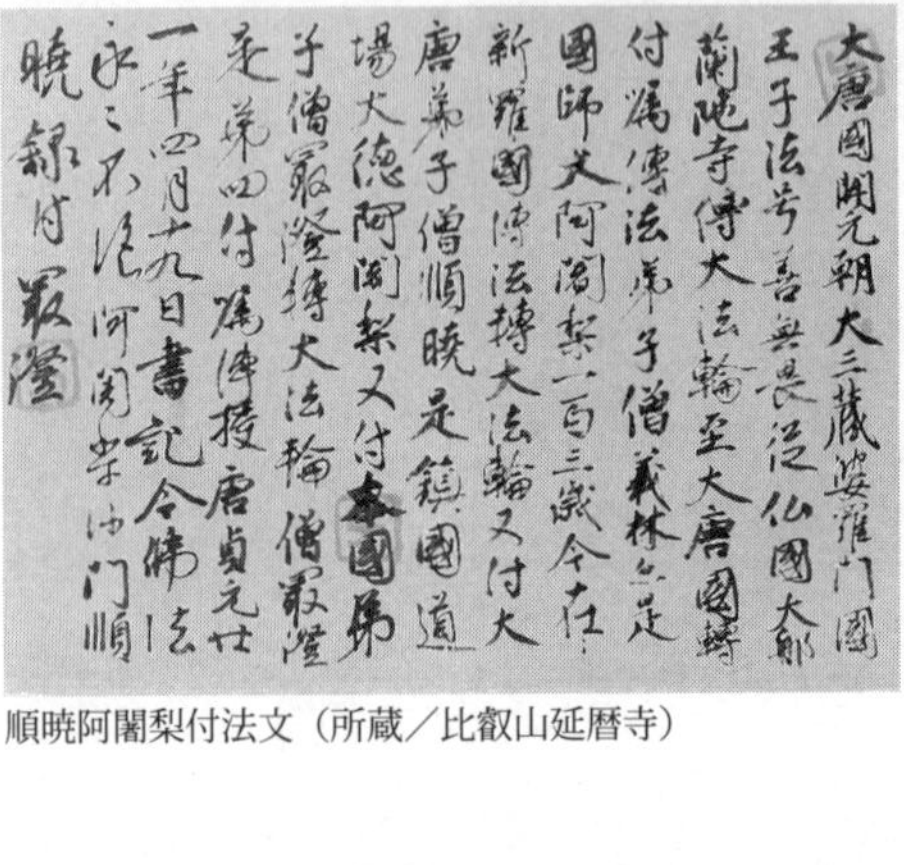
大唐國開元朝大三藏婆羅門國
王子法号善無畏從仏國大那
蘭陀寺傳大法輪至大唐國轉
付囑傳法弟子僧義林亦是
國師大阿闍梨一百三歲今在
新羅國傳法轉大法輪又付大
唐弟子僧順暁是鎮國道
場大徳阿闍梨又付日本國弟
子僧最澄轉大法輪僧最澄
是第四付囑傳授唐貞元廿
一年四月十九日書記令佛法
永永不絶阿闍梨沙門順
暁録付最澄

順暁阿闍梨付法文（所蔵／比叡山延暦寺）

一千部は、西国筑前《ちくぜん》に建立された宝塔に納められたとも考えられます。というのは、大師は日本全国の六所に宝塔を建立し、それぞれに『法華経』を一千部ずつ納め、護国を祈り大乗仏教の教化を図るという構想を持っていたからです。

また大師が宇佐八幡の神宮寺に参拝し『法華経』を講義したところ、宇佐の大神が感じ入って紫袈裟《けさ》と紫衣を大師に手ずから授けたといわれます。

この後、大師は賀春《かわら》の神宮寺でも報恩のため『法華経』を講じています。この時にも紫雲が賀春の峰の大空にかかったという瑞相が現われたと伝えられています。

弘仁八年（八一七）春、伝教大師は東国へ向かいました。その目的は、『叡山大師伝』に、

大師はかつてより、東国に赴いて教化活動を行いたいという願いを持っていました。そこで二千部一万六千巻の『法華経』を書写し、上野下野《こうずけしもつけ》の両国にそれぞれ宝塔を建て、塔ごとに八千巻を安置し、『法華経』を一日も欠かさず講説するのです。さらに『金光明経《こんこうみょうきょう》』、『仁王般若経《にんのうばんにゃきょう》』等の護国の大乗経典を講説す

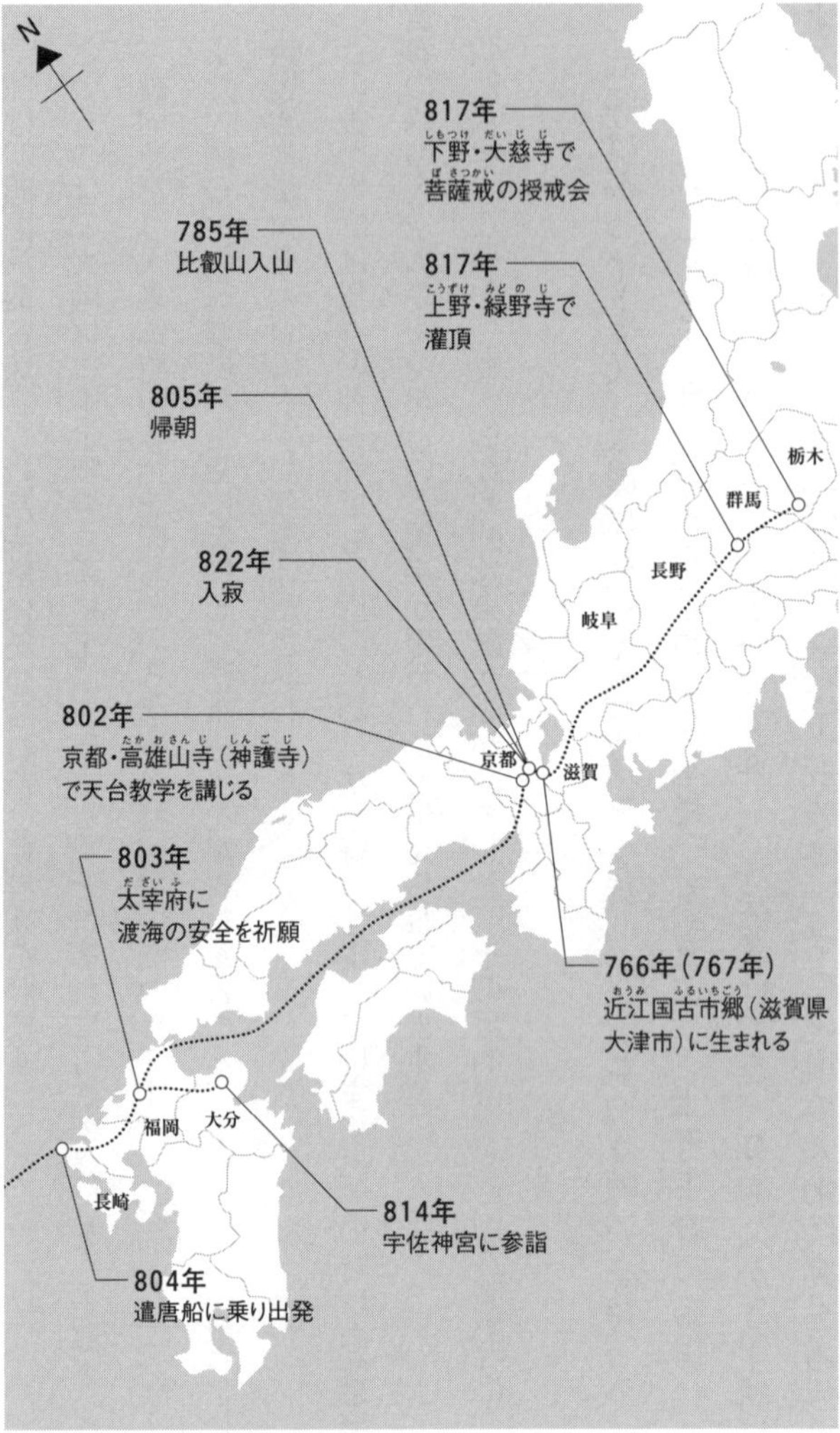
N
817年
下野《しもつけ》・大慈寺《だいじじ》で
菩薩戒《ぼさつかい》の授戒会
785年
比叡山入山
817年
上野《こうずけ》・緑野寺《みどのじ》で
灌頂
805年
帰朝
栃木
群馬
822年
入寂
長野
岐阜
802年
京都・高雄山寺《たかおさんじ》（神護寺《しんごじ》）
で天台教学を講じる
京都
滋賀
803年
太宰府《だざいふ》に
渡海の安全を祈願
766年（767年）
近江《おうみ》国古市郷《ふるいちごう》（滋賀県
大津市）に生まれる
福岡
大分
長崎
814年
宇佐神宮に参詣
804年
遣唐船に乗り出発
伝教大師遍歴図（日本）

ることにしました。大師の願いは後世まで伝えられるでありましょう。教化される人々は百千万を超え、僧俗ともに歓喜しない者はいないでしょう。

とあります。すなわち、六所の宝塔のうち二塔を東国に建立し、ここを拠点として『法華経』を中心とした大乗仏教を広めることが目的だったのです。また早くから大師を援助してくれた道忠ゆかりの地を訪ねることも、目的のひとつであったでしょう。

ところで東国への行程は、当時の主要道であった東山道によりましたが、この道の美濃と信濃の間の神坂《みさか》峠は交通の難所でありました。そこで大師は、広済院《こうさいいん》と広拯院《こうじょういん》という宿舎を建て、旅人の便宜を図りました。宿舎といっても簡易宿泊所の類であったと思われますが、大師の社会事業として特筆されるべきものだと思います。

大師はこの後、信濃をぬけて関東平野に入り、下野大慈寺《だいじじ》や上野緑野寺《みどのじ》で菩薩戒の授戒会や灌頂を行いました。そこには多数の人々が参集したと伝えられ、この二寺にはそれぞれ宝塔が設けられました。

なお、この頃より大師と法相宗の碩学《せきがく》、徳一《とくいつ》との間で、「三一権実論争《さんいつごんじつろんそう》」と呼ばれる教義上の論争が始まります。人間には本来、仏となるべき仏性《ぶっしょう》がそなわっており、これを導きだすために方便《ほうべん》としてさまざまな教えがあるにすぎず、仏の真意は一つであるという大師の考え。

一方、人の素質にはもともと差別があり、これに対する教えが異なることこそが真実であり、人間の中にはどうしても悟ることが出来ない者も存在するという徳一の立場。

この仏教観の相違をめぐり、多くの書物を駆使し、論書を交わし熾烈な論争が繰り広げられたのです。なおこの論争の中で伝教大師は、『守護国界章《しゅごこっかいしょう》』『法華秀句《ほっけしゅうく》』等をあらわしています。決定的な結論は出ませんでしたが、後の日本仏教の展開には、伝教大師の思想が大きく影響を及ぼしています。

三一　権実論争

天台宗が開かれる前、日本では奈良を中心として、南都六宗と呼ばれる、法相宗・三論宗・華厳宗・倶舎宗・成実宗・律宗の六つの学派がありました。その中でも法相宗と三論宗が有力な学派でした。

法相宗は、『成唯識論《じょうゆいしきろん》』という論書をよりどころとする学派です。三論宗は、『中論《ちゅうろん》』『十二門論《じゅうにもんろん》』『百論《ひゃくろん》』の三つの論書を中心として学びます。

伝教大師が、唐への留学を希望した際に提出された文には、次のようなことが書かれています。

この国に伝わっている三論宗と法相宗は「論」にもとづいて作られた論宗です。それに対して天台宗はただ一つ、『法華経』という経典によって立てられた経宗です。論とは、後の仏教者が自分の考え方で経を解釈したものであり、経は釈尊がみずから説かれた言葉です。経こそが根本であり、論は末であります。ですから経宗である天台宗を広める必要があるのです。

伝教大師はそれまでの南都の論宗に対して、経宗である天台宗のほうが優れていると主張したのです。

伝教大師が唐から持ち帰った書物や、大師の行った講義などによって、天台宗の教学は南都の僧侶たちも知るところとなりました。しかし、同時に天台宗の教学に対する批判が、南都の側からも出されるようになったのです。

その中でも法相宗の高徳であった、徳一との間に激しい論争が起こりました。

徳一像（所蔵／会津 勝常寺）

徳一は興福寺《こうふくじ》で法相学を学び、東大寺に住したと伝えられています。その後、会津の慧日寺《えにちじ》に移り住んだ碩学で、会津から常陸に至るまでの広い地域にその足跡が残されています。

伝教大師と徳一との論争で、一番大きな問題は、『法華経』をいかに評価するかという点です。伝教大師は、釈尊によって『法華経』が説かれた後は、すべての人が仏と同じ悟りの世界へと進むことができると主張しました。

それに対して法相宗では、人間は生まれ持った能力の違いで、次の五種に区別されると考えます。

①声聞定性《しょうもんじょうしょう》—声聞になると定まっている人
②縁覚定性《えんがくじょうしょう》—縁覚になると定まっている人
③菩薩定性《ぼさつじょうしょう》—菩薩になると定まっている人
④不定性《ふじょうしょう》—いずれとも定まっていない人
⑤無種性—いずれにもなれないと定まっている人

徳一は、菩薩定性の人と、いずれとも定まっていない不定性の人が『法華経』を聞くことによって、仏と同じ悟りを得られると主張しました。
これに対して、伝教大師は以下のように主張しました。

三乗の教えは、人々の聞き手としての能力がまだ低く、真実一乗の教えを理解できない段階にあったから、釈尊がかりに説いた教えである。あくまでこの説は、仏がめざす真実の教えではない。ゆえに徳一の法相宗は、能力が低いひとびとを対象として説かれたかりの教えであり、天台宗こそが究極の一乗を説く真実の教えなのである。

釈尊によって『法華経』が説かれた後は、それまでの教えは必要なくなり、そのため五種の区別は成り立たず、すべての人が仏の悟りの世界へと進むことができる、真実一乗の教えだけが成り立つのです。
また、伝教大師は徳一のたてる修行の方法を批判しました。伝教大師は、修行には、遠回りのものと、時間のかかるものと、直接目標に到達できるという三種類があるとします。そして、徳一の修行の方法は遠回りで時間のかかる修行であり、直接に真実の悟りの世界へと向かう天台の修行に劣ると主張したのです。

加えて、天台宗以外の他の宗派で行われる遠回りで時間のかかる修行では、仏となるための原因は見えても、最終結果である仏の悟りの世界は見えない。天台こそが最終の結果までを含んでいる教えなのであると主張しています。

六、戒壇院建立そしてご遷化

戒壇院建立を目指して

日本では、天平勝宝五年（七五三）鑑真《がんじん》（六八八〜七六三）が来日して以来、奈良の東大寺、下野の薬師寺、筑紫の観世音寺《かんぜおんじ》の三カ所に正式な戒壇《かいだん》が設けられ、僧としての資格を得る時には必ずそれぞれの戒壇で受戒することになっていました。

しかし伝教大師は「この三戒壇で授ける戒律は、小乗仏教の『四分律《しぶんりつ》』という戒律書によるものであって、日本にふさわしくない。人々の教化を重視する大乗仏教の菩薩の道を歩もうとする者には、『梵網経《ぼんもうきょう》』にもとづく大乗戒を授けるべきだ」と考えました。そして比叡山に新たに国家公認の大乗仏教の戒壇を設立することを計画したのです。

弘仁九年（八一八）、『叡山大師伝』は次のように述べています。

わが宗の僧侶は、入門の始めは国のために山修山学《さんしゅさんがく》して、人々の利益を想い仏法を興隆すべきでありましょう。世間を離れて修行すれば、仏法の萌芽は山林のように繁茂するでしょう。しかし今より以後は小乗仏教の利益を受けることは止めます。永遠に小乗の授戒を認めません。自らの誓いとして東大寺で受戒した小乗の二百五十戒をここに捨て去ります。

すなわち大師は、自分が僧として公認された根拠である具足戒《ぐそくかい》を捨ててしまったのです。このことはたいへんな決断でした。

小乗の戒律とは、悪をとどめる戒です。積極的に善を行うという考えには立脚していません。それに対して大乗の戒律は自分を戒めることと同時に、積極的に善を行い、他の人々を救うことを目的とします。伝教大師はこのような大乗の精神によらなければ、国を守り人々を救うことは出来ないと考えたのです。

同年、大師は「天台法華宗年分学生式《てんだいほっけしゅうねんぶんがくしょうしき》」（六条式《ろくじょうしき》）を朝廷に提出し、比叡山で学生を教育するための理想と、教育方法を示しました。

伝教大師絵伝　戒壇院（提供／比叡山延暦寺）

具体的には、天台宗に認可された二人の僧を大乗戒によって得度・受戒させ、十二年間比叡山に住ませ、純粋な大乗の教えだけを学ばせるというものでした。

それらの人材は国宝《こくほう》、国師《こくし》、国用《こくゆう》の三つに分けられます。国宝とは学問と修行の両方の側面から、すばらしい力を発揮できる人。国師とは学問の面で優れ、自分の学んだことをよく理解できる人。国用とは修行の面に優れて、実行力のある人のことを指します。

このうち国宝は比叡山に住して後進の指導にあたり、国師・国用は地方に進出して国家のために仏教の教化や社会事業を行うことと規定したのです。

また、仏教の出家には小乗と大乗があるが、日本には小乗の出家をした僧侶だけで、大乗の出家者はいないと述べ、天台宗では大乗の菩薩僧を養成したいと願いました。しかし、伝教大師の上表が受け入れられることはありませんでした。

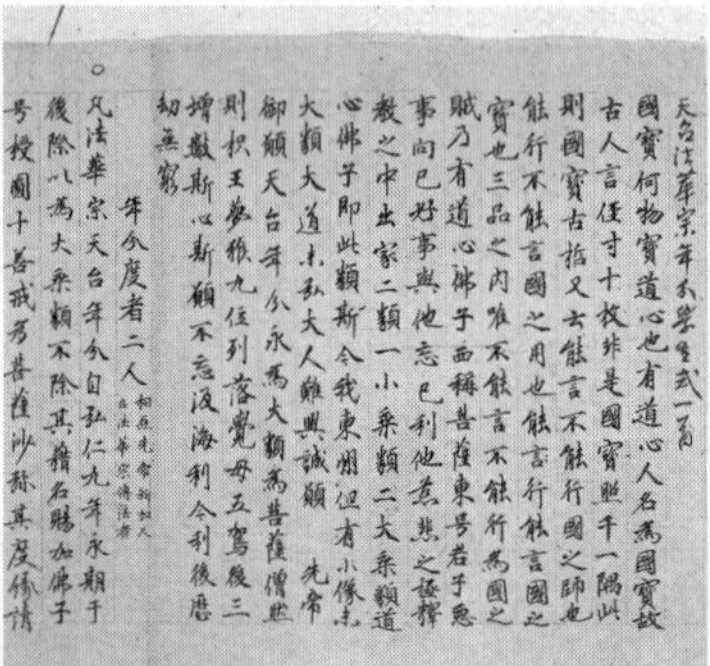
天台法華宗年分學生式一首
國寶何物寶道心也有道心人名為國寶故
古人言徑寸十枚非是國寶照千一隅此
則國寶古哲又云能言不能行國之師也
能行不能言國之用也能行能言國之
寶也三品之内唯不能言不能行為國之
賊乃有道心佛子西稱菩薩東号君子悪
事向己好事與他忘己利他慈悲之極釋
教之中出家二類一小乘類二大乘類道
心佛子即此斯類今我東州但有小像未
大類大道未弘大人難興誠願 先帝
御願天台年分永為大類為菩薩僧然
則枳王夢猴九位列落覺母五駕後三
增轍斯心斯願不忘汲海利今利後歷
劫無窮
年分度者二人 柏原先帝新加人 天台法華宗傳法者
凡法華宗天台年分自弘仁九年永期于
後際以為大類不除其籍名賜加佛子
号授圓十善戒為菩薩沙彌其度縁請

山家学生式（所蔵／比叡山延暦寺）

大師は続いて「勧奨天台宗年分学生式《かんしょうてんだいしゅうねんぶんがくしょうしき》」（八条式《はちじょうしき》）を提出します。そこでは、より具体的な学生養成の方法と、国家による比叡山の管理運営の制度が提案されました。しかし、奈良時代からの仏教教団のしきたりとは大きく異なる制度であったために、許可されることはありませんでした。

さらに翌年、大師は「大乗戒を立てんことを請う表」と「天台法華宗《てんだいほっけしゅう》年分度者《ねんぶんどしゃ》回《え》小向大式《しょうこうだいしき》」（四条式）を提出しました。

「大乗戒を立てんことを請う表」では、小乗と大乗では授けられる戒が異なるから、毎年桓武天皇の命日に小乗に染まらない清らかな出家をさせて菩薩沙弥《しゃみ》とし、菩薩の大乗戒を授けて菩薩僧として、十二年間比叡山で修行させて、国を守る人材を育てると述べています。

また、「四条式」には、仏教の寺を、大乗の寺、小乗の寺、大小兼学の寺の三種類に分類し、それぞれの寺の具体的な運営方法が述べられています。そして、比叡山の寺は大乗の寺であり、大乗の寺では大乗戒を『法華経』の精神で守るべきであると述べられています。

また、大乗戒は広大なもので、出家者と在家者の区別はなく、すべての人に通じるものであるという考えが示されるのです。

しかし、これらの主張が奈良の仏教者に受け入れられることはなく、僧綱《そうごう》から反論が加えられることとなりました。この反論を受けて、伝教大師は『顕戒論《けんかいろん》』を著して、自らの主張の正当性を示したのです。

弘仁十三（八二二）年六月四日、大師は五十七歳で遷化《せんげ》されますが、大師の悲願が叶い、大乗戒壇がやっと認可されたのは、その後、七日目のことでした。以降この大乗戒授戒の新制度は、後の日本仏教における戒律の考え方に大きな影響をもたらしました。

比叡山の日本天台宗が、ここに名実ともに根をおろしたのです。

伝教大師の遺言

伝教大師の晩年は、徳一との論争と比叡山上に大乗戒壇を設立することにほとんどの力がそそがれました。このような必死の努力にもかかわらず、大乗戒壇の設立の許可はおりず、伝教大師の体も次第に病に冒されていきました。

弘仁十三年（八二二）四月、死期の近いことを悟った伝教大師は、弟子たちを集めて遺言を伝えました。

その遺言の中で伝教大師は、自分が死んでも喪に服すなとおっしゃられました。そして、酒を飲むことを固く禁じました。また、国家を守護するために、毎日、大乗経典の講義を行えということを命じたのです。

伝教大師は正しい仏教の教えが行き渡れば、人々は心の中に正しい気持ちを抱くこととなり、国が守られると考えました。そして伝教大師の弟子である以上、人々を救うために、懸命に努力しなければならない。正しい修行を行い、国家の恩に応えなければならない。死を目の前にしてこのような強い決意を述べられたのです。

最後には、「私はこの世に何度でも生まれ変わってきたい。ふたたび生まれ変わっても、仏教を学び、一乗の教えをこの世に広めたい」と告げられました。

伝教大師は、一乗仏教によってすべての人々を救うことに、一生を捧げてきました。しかし、悲願であった大乗戒壇の設立の夢は、叶わないままその一生を終えることになったのです。遺された弟子たちにあてた遺言は、伝教大師の願いを託したものであることはもちろんのこと、自らもまたこの世に生まれ変わり、一乗の教えを広め続けていきたいという、悲痛なまでの決意表明を示したものだと言えるでしょう。

『叡山大師伝』には、伝教大師は遺言をした後に、比叡山の天台宗の僧侶が守るべき六つの規則を述べたとされます。

第一に、上座・下座の問題です。比叡山の中では、先に大乗戒を受けた者が先輩であり、年が上であろうが、大乗戒を先に受けた者が上座に座るということです。

第二に、心の用心の問題です。弟子たちは慈悲の心に基づいて生活をし、怒りに耐え忍ぶ気持ちを持ち、仏の正しい教えの中に自分を置きなさいということです。

第三に、日常の衣服の問題です。修行の進んでいる人（上品《じょうぼん》）は、道端に落ちているぼろ布を集めて、それで作った着物を着なさい。中くらいの人（中品《ちゅうぼん》）は、質の悪い布で作った着物を着なさい。修行の劣る者（下品《げぼん》）は、檀家からもらった着物を着なさいということです。

第四に、食事の問題です。上品の人は、求めずとも人から与えられた食事をとりなさい。中品の人は、町に出て托鉢《たくはつ》によって得られた食事をとりなさい。下品の人は檀家の招待を受けてもかまわないとするものです。

第五に、住居の問題です。上品の人は、竹で編んだ小さなまるい房に住みなさい。中品の人は壁が三面しかないような、風がふきこむ粗末な家に住みなさい。下品の人は、屋根も壁もある家に住んでもよいと言っています。

第六に、寝具に関する問題です。上品の人は、小竹のわら、中品の人は、わらだけではなく、むしろを作ってかまわない。下品の人は布で作った布団を使ってもよいということです。

六つの規則を読むと死に及んでもなお、伝教大師の大

浄土院（提供／比叡山延暦寺）

乗戒壇設立に対する強い意欲が失われることは決してなかったということがうかがわれます。また、遺された弟子たちへの配慮と期待の大きさが伝わるでしょう。

伝教大師は同年六月四日に五十七歳で入滅されました。

臨終に望んで、「私のために仏を作るな。私のためにお経を写すな。私の志を述べよ」ということばを残されました。

そしてついに伝教大師が亡くなられた七日後に、嵯峨天皇によって、比叡山の上に大乗戒壇を設立することが許可されたのです。

その後も伝教大師の志を継いだ弟子達によって、天台宗は発展を続け、現在に至るまで、その法脈は綿々と受け継がれています。

第二章　法華経と天台の教え

一、インドから中国へ

釈尊の生涯とその教え

天台宗の教えとは隋の時代の天台大師智顗《てんだいだいしちぎ》（五三八〜五九七）に始まります。

天台大師の思想は、中国仏教史上に大きな足跡を残しました。そして後世においては、中国だけでなく朝鮮や日本の仏教にも大きな影響を与えています。その特色は、インドから中国へと伝わった仏教を綜合的に体系付けたことにあるといえるでしょう。

いま私たちが改めて天台宗の教えを理解しようとするとき、中国の天台大師の仏教はもちろん、さらには釈尊《しゃくそん》より始まるインド仏教にまでさかのぼって、その流れを見ていく必要があります。

釈迦如来像（所蔵／滋賀 西明寺）

言うまでもなく仏教は釈尊によって説かれた宗教です。釈尊は姓をゴータマ、名をシッダッタ（悉達多）といいます。悟りを開いたのでブッダ、釈迦（シャーキヤ）族出身の尊い人という意味で釈迦牟尼（シャーキヤ・ムニ）とも呼ばれて、釈尊とも称されます。

釈尊の生存年代には諸説があります。説によっては百年の隔たりがありますが、およそ紀元前五〜四世紀の人物であると考えてよいでしょう。

釈尊はヒマラヤ山麓に住んでいた釈迦族の出身です。この種族は、当時のコーサラ国という大国の属国としてカピラ城市を中心に住んでいました。その王の子として生まれた悉達多は結婚してひとりの男子をもうけました。しかし二十九歳の時、王位継承者としての地位も親も妻子も捨てて、ひとり城から脱出して修行者の群に入りました。

出家した悉達多は良き師を訪ね求め、六年余りの間、断食などの苦行を続けました。しかし身体を苦しめることだけに偏った修行では悟りを開くことはできないと感得し、菩提樹《ぼだいじゅ》の下に坐し禅定《ぜんじょう》に入りました。そしてついに悟りを開きブッダ（仏陀）となったのです。

その後、釈尊は出家者の教団を組織し弟子たちの修行を指導するとともに、在家信者のために教化を続けました。それはクシナガラにて八十歳で入滅するまで行われました。

釈尊はその四十五年にわたる教化活動の中でさまざまな教えを説きました。時や場所、あるいは相手に応じて教えを説いたので、教えは多岐にわたりますが、その根本にあるのは「縁《えん》起《ぎ》」ということです。それはありとあらゆる存在は、いろいろな関係を持ちながら成り立っているという考え方です。すなわちすべての存在は、さまざまな原因（因）と条件（縁）の結果として存在しており、独立した実体としてあるわけではないのです。原因や条件が変わればそれに応じて、ものごとのあり方も変わってゆくと考えるのです。

また、人間は生まれて、老い、病になり、死にゆく存在であり、このような私たち人間の存在そのものは苦としてとらえられます。そしてこの苦を克服するために、釈尊は縁起を体得するための実践修行を説いたのです。

釈尊の滅後、長老と弟子たちを中心にブッダの教えを整理しようとする動きが起こってきました。それは、釈尊から直接口頭で伝えられた教えを、より正確に伝承することが目的で、それぞれの仏弟子たちが集まって仏典を編纂したのです。これを「結集《けつじゅう》」といい、結集は第一回、

第二回、第三回と重ねられ、「経《きょう》」「律《りつ》」「論《ろん》」の三蔵《さんぞう》の原型が整えられていきました。

大乗仏教の興起

このように釈尊の教えは徐々に整理されていきましたが、時代の推移にともなって、また教えの伝播した地方により、解釈の上で相違を生じるようになりました。その結果、教団の中で見解を異にする多くの部派が成立するようになったのです。

この時代の仏教はアビダルマといわれ、釈尊の教えを体系的に分類、整理することに主眼が置かれました。そのために仏教は分析的な方向へと導びかれ、出家修行者のためだけのものとなりました。

これに対して大乗仏教はそのような流れに対抗するように、在家信者を中心に興起することになります。

大乗仏教の興起した時代を特定することは、なかなか容易ではありませんが、紀元前一世紀頃と考えるのが一般的です。またその起源に関しても、近現代の学者の見解はさまざまで、いまだ確かな結論が得られているわけではありません。

いまその一つの見解として、仏塔信仰《ぶっとうしんこう》について述べることにします。

釈尊入滅後、その遺骨は八カ国に分けて安置されましたが、信仰の対象としてはきわめて限られたものでありました。仏教が勢力を拡大するにつれ、各地に仏舎利《ぶっしゃり》を納めた仏塔が建立され、在家信者の信仰の新たなよりどころとなっていきました。

また釈尊入滅後、二百年、三百年が過ぎて、人々が釈尊を敬慕する思いはいよいよ深くなっていきました。それは釈尊の生涯とその人となりを改めて鑽仰《さんごう》して、仏伝文学を制作しようとする機運に連なっていきます。このような在家信者たちの集団を中心とする運動が大乗仏教興起の一つの原因となったともいえるでしょう。

では大乗仏教はどのような点に特徴があるのでしょうか。

それは何よりも「菩薩《ぼさつ》」の思想であるということができます。

菩薩（ボーディサットヴァ）とは、悟りを求める心のある人であり、自分だけではなく、他の多くの人々と共に苦しみを克服しようと努力する人のことです。元来、釈尊の修行時代や前世を表す言葉でしたが、釈尊を慕う人々はその姿に理想を求めて、自らも菩薩となることを目指したのです。

それまでの仏教では悟りを志すためには出家するのが当たり前でした。しかし大乗仏教では、在家者であっても日常生活を営みながら菩薩としての行を実践していくことができるのです。

またその教えは「空《くう》」という思想に基盤を置いています。「空」とは、ありとあらゆるすべては無常なものであり、それがゆえに執着するべきものは何もないという考えです。これは釈尊の説いた縁起の教えと変わるものではありません。この空の思想に基づいて大乗仏教では『般若経《はんにゃきょう》』『法華経』など多くの経典が制作されました。

中国に伝わった仏教

さて仏教はインドで起こり、長い年月をかけて徐々に周辺地域へと伝わっていきました。その大きな流れとして、インド～西域～中国～日本と伝播した北伝仏教《ほくでんぶっきょう》と、インド～スリランカ～タイ～ミャンマーと伝播した南伝仏教《なんでんぶっきょう》とがあります。その伝播の過程で、仏教は種々の文化の影響を受け、変容しつつ独自に展開していきました。

中国に仏教が伝わったのは、紀元前後頃と考えるのが一般的なようです。インドで興った仏教が中国に伝わって浸透していく中で、中国人にとっての仏教として展開していきました。

インドで生まれた仏教が中国に根付くためには、当然のことながら、まずインドの言葉で書かれた仏典を中国語に翻訳する必要がありました。ところがインドの言葉と中国語はまったく異質な言語であったために、はじめは儒教《じゅきょう》や老荘思想《ろうそうしそう》といった中国の古典の言葉が訳語として用いられました。その後何百年かの間に鳩摩羅什《くまらじゅう》（三五〇～四〇九?）や玄奘三蔵《げんじょうさんぞう》（六〇二～六六四）などの翻訳僧や中国仏教者の努力があり、多くの仏典が翻訳されることとなりました。

ところでインドで展開した仏教は、その歴史的な順序に従って中国へ伝播したわけではありません。場合によっては、大乗仏教経典が先に翻訳され、後にそれ以前に成立した経論が流伝するということもありました。

このため当時の中国仏教では、仏教のさまざまな経論の中で、何が究極的な仏説であるかを求める努力がなされました。そして特に大乗仏教経典の『般若経』『華厳経《けごんぎょう》』『法華経』『涅槃経《ねはんぎょう》』などを、いかに位置付けるかが大きな問題となり、それぞれの見解が主張されたのです。

その中でも、『法華経』を基盤として、インド仏教や中国仏教の思想の流れを体系付けたのが、天台大師智顗でした。

二、天台大師から伝教大師へ

天台大師智顗の生涯

天台大師智顗は梁《りょう》の大同四年（五三八）、荊州華容県《けいしゅうかようけん》に生まれました。中国の歴史の上では、南北朝の興亡を経て、隋《ずい》が統一国家を形成した時期に、天台大師は活躍したのです。

天台大師が出家をしたのは十八歳のときでした。その前年、戦乱の中、智顗は両親をあいついで亡くしました。かねてより仏門に入る決意の固かった智顗は、亡母の親戚がいた長沙《ちょうさ》の果《か》願寺《がんじ》を訪ね、そこで出家をしました。また慧曠《えこう》律師より二百五十戒の具足戒を受け、方等懺法《ほうとうせんぼう》などを学びました。

仏道の研鑽を重ねていく中で、天台大師は光州大蘇山《だいそざん》に南岳慧思《なんがくえし》禅師（五一五〜五七七）という人がいることを聞き及びました。その学徳を聞き、智顗は意を決して大蘇山の慧思を訪ねました。二十三歳のときでした。また慧思にとっても智顗との出会いは大きな喜びであったのでしょう。そのときの出会いを慧思は「昔日霊山にして同じく法華を聴く。宿縁の追う所今また来れり」と述べています。これは、昔、釈尊が霊鷲山《りょうじゅせん》で『法華経』を説いたとき、同じ説法の座に私たちはいた、その因縁で今日またここでめぐり会えたのだということを意味しています。

このように慧思に迎えられた智顗は、師より法華三昧《ほっけざんまい》を授けられました。そして『法華経』を読誦すること二七日、『法華経』の真髄を体得するに至りました（大蘇開悟《だいそかいご》）。その後、大蘇山にて慧思から七年にわたって指導を受けました。師は金字の『般若経』を造り、それを代講させるなど、智顗への信頼は厚いものがありました。慧思が南岳衡山《こうざん》への隠棲を決意したときも、後事を大師に託し、また亡父の因縁深い陳の都・金《きん》陵《りょう》に赴くように助言をしました。

天台大師像（所蔵／比叡山延暦寺）

師の助言にしたがって、天台大師は金陵瓦官寺《がかんじ》に赴きました。その滞在中に『法華経』『大《だい》智度論《ちどろん》』『次第禅門《しだいぜんもん》』などを講じました。これによって智顗の名声は上がり、門人となる者も次第に増えていったといわれています。しかし金陵に滞在して八年が経ったとき、智顗は突然瓦官寺を去る決意をしました。その心中にはさまざまな思いがあったと思われますが、一説には、門人が増えれば増えるほど、逆に真に教えを理解するものが減ってしまったという反省があったともいわれています。

瓦官寺を去った天台大師は、はるか遠くの天台山に入りました。天台山は現在の浙江省に位置しています。最高峰である華頂峰《かちょうほう》の標高は約一一〇〇メートルに及び、古来、道教家の名山とされていました。

天台大師が天台山に登り最初に構えた庵の北側に最高峰の華頂峰がありました。智顗は頭陀《ずだ》行《ぎょう》を行おうとこの峰に単身登りました。そこで日々修禅に励んでいた様子は、釈尊の降魔成道《ごうまじょうどう》になぞらえて伝えられています（華頂降魔《かちょうごうま》）。

約十一年間という長い年月にわたる天台山での隠棲が天台大師の思索をさらに深めていきま

した。その後、智顗は要請を受けて、天台山を下り各地で講義や教化活動を行いました。その記録は、『法華経』をもとに仏教全体の理解を目指した『法華玄義《ほっけげんぎ》』、経の文々句々を自己の思想によって解釈した『法華文句《ほっけもんぐ》』、『法華経』の思想に基づいて禅定と観法を意義付けた『摩訶《まか》止観《しかん》』等に残されています。時代は隋《ずい》が南北統一を実現した頃でありました。また開皇十一年（五九一）には、晋王広《しんおうこう》（後の隋煬帝《ようだい》）のために揚州にて菩薩戒を授け、このとき「智者大師」の号を贈られています。

開皇十七年（五九七）、天台大師は六十歳で亡くなりました。天台大師の思想は、後の中国仏教の展開に多大な影響を与えました。そして私たち日本人にとっても、その思想は大変重要な意味を持っています。なぜならば天台大師から伝教大師へとその教えが受け継がれていったからです。

天台山国清寺（撮影／鈴木行賢）

天台大師から伝教大師へ

天台大師が亡くなってから、伝教大師が生まれるまでには、実に二百年ほどの隔たりがあります。しかしその間も天台大師の教えは脈々と受け継がれていきました。

天台大師が亡くなった後、その弟子、章安灌頂《しょうあんかんじょう》（五六一～六三二）が天台大師の講説を筆録、編纂するなど活躍しました。天台大師の教えは、智威《ちい》、慧威《えい》、玄朗《げんろう》等の諸師に受け継がれましたが、歴史的な記録はあまり残されていません。

その後に登場したのが荊渓湛然《けいけいたんねん》（七一一～七八二）です。湛然は天台大師の教学を継承して、天台教団に新たな展開をもたらしました。湛然は当時の華厳宗《けごんしゅう》や法相宗《ほっそうしゅう》に対抗するために天台教学の独自性を強く主張したのです。

この湛然の門下には多くの弟子がいました。中でも行満《ぎょうまん》、道邃《どうずい》の二人は伝教大師との関係において非常に重要な人物です。

行満は、師である湛然が亡くなった後、天台山の仏隴寺《ぶつろうじ》に住していました。その頃、伝教大師は遣唐使と共に唐に渡り、明州から天台山に向かっておりました。道邃が天台山山麓の台州龍興寺で講義を行ったとき、その席に伝教大師は列席したといわれています。また仏隴寺において伝教大師は行満に就いて天台教学を受けたのですが、そのときの心境を「いまだ聞かざるところの法を聞き、いまだみざるところの境を見た」と述べています。

道邃は大乗の戒律に通じていたといわれています。唐・貞元二十一年（八〇五）、道邃は龍興寺において伝教大師に天台の教えを授けました。中でも特に重要なことは、道邃から伝教大師へ菩薩戒が伝授されたことです。伝教大師はこの菩薩戒の精神を非常に重んじ、帰国後、日本に大乗菩薩戒を広めることに一生を捧げることになったのです。

伝教大師は在唐八カ月の間に精力的に中国の仏教を受容しました。その結果、四宗《ししゅう》（法華・密教・禅・戒）相承《そうじょう》というように、すべての教え、すべての思想を包み込む仏教が日本に築かれていきました。そのような伝教大師の姿勢は、天台大師が釈尊以来の仏教思想を綜合的に体系付けた姿勢に通じるものではないでしょうか。確かに日本の天台宗は伝教大師より始まりますが、その源泉をたどれば、天台大師、さらには釈尊の教えに必ず行き着くのです。

三、天台の教え

『法華経』を読む

『法華経』と天台大師

前節で述べたように、天台の教えは、中国の陳代、隋代に活躍された天台大師智顗から始まります。天台大師は、『法華経』を中心に、中国に伝わった仏教をまとめました。その教えは中国はもとより、朝鮮や日本の仏教・文化・思想などに大きな影響を与えてきました。仏教経典の中で、『法華経』ほど広く親しまれている経典は他にないでしょう。

その理由としては、第一に、「この世界の中のすべてのものを認めて包みこむ」ということが『法華経』の中心テーマであり、それらをわかりやすく説き明かした点があげられます。そこにはたとえ話などを多く用いながら、信仰や生活の規範となる奥深い思想が展開されています。

第二に、『妙法蓮華経《みょうほうれんげきょう》』は鳩摩羅什《くまらじゅう》の翻訳によるものであるということです。インドから中国に伝えられた『法華経』は、六回翻訳されたという記録がありますが、現在残されているのは三訳です。最初に翻訳された『正法華経《しょうほけきょう》』は、あまり仏教界で注目されませんでした。ところが、それより約百五十年後に鳩摩羅什によって翻訳された『妙法蓮華経』は、その適切な訳語と流暢な名文により、たちまち世に広まり、多くの仏教研究者に注目され数々の解釈書が作られました。現在『法華経』といえば、この『妙法蓮華経』を指します。

第三の理由としては、天台大師の法華経観があります。『法華経』こそが、数多い仏教経典の中でも中心となるものである

妙法蓮華經序品第一
如是我聞一時佛住王舍城耆闍崛山中與
大比丘衆万二千人俱皆是阿羅漢諸漏已
盡無復煩惱逮得己利盡諸有結心得自在
其名曰阿若憍陳如摩訶迦葉優樓頻螺迦
葉伽耶迦葉那提迦葉舍利弗大目犍連摩
訶迦旃延阿㝹樓馱劫賓那憍梵波提離婆
多畢陵伽婆蹉薄拘羅摩訶拘絺羅難陀孫
陀羅難陀富樓那彌多羅尼子須菩提阿難
羅睺羅如是衆所知識大阿羅漢等復有學
無學二千人摩訶波闍波提比丘尼與眷屬
六千人俱羅睺羅母耶輸陀羅比丘尼亦與
眷屬俱菩薩摩訶薩八万人皆於阿耨多羅
三藐三菩提不退轉皆得陀羅尼樂說辯才
轉不退轉法輪供養無量百千諸佛於諸佛
所殖衆德本常爲諸佛之所稱歎以慈修身
善入佛慧通達大智到於彼岸名稱普聞無
量世界能度無數百千衆生其名曰文殊師
利菩薩觀世音菩薩得大勢菩薩常精進菩

妙法蓮華経（所蔵／浅草寺）

という天台大師の法華経解釈が広く支持されました。これらによって、『法華経』は後の仏教文化に計り知れない影響を及ぼしたのです。

仏教経典の体系化

天台大師以前の中国仏教で重要視されたのは、『華厳経』『般若経』『涅槃経』などでした。ところが天台大師は『法華経』が釈尊一代の説法の結論を述べたものであるとして、『法華経』を基本にすえた全仏教の体系を作り上げました。その理由について天台大師は、『法華経』の教えは、以下の三つを満たしているとしています。

第一は、『法華経』は、その他の経典によって、人々が仏の真意を理解できる段階に至った上での説法である。

第二は、『法華経』は、それ以前に十分な教化《きょうけ》が尽されたことにより、仏の本当の願いが初めて説き明かされたものである。

第三に、この『法華経』で初めて、仏の本心と、仏と人々との関係が明らかにされたのである。

天台大師は、この三点において『法華経』は他の経典より優れていると考えました。大師は仏教思想を整然と組織付け、各経典に時間的にも空間的にも統一された意義を見出した天台教学を構築したのです。そしてこの解釈は画期的なものとして、広く中国仏教界に評価されました。

また天台大師は『法華経』の中に広大な仏の慈悲と智慧を認め、われわれの日常生活にまで及ぶ仏教の教えとその実践に関する懇切丁寧な指南書も残しています。

それからは、『法華経』を読む場合には天台大師の『法華経』解釈が基礎とされるようになりました。

天台大師がとらえた『法華経』の構成

すべての人に成仏の門が開かれている

『法華経』は二十八章で構成されていますが、天台大師は前半十四章と後半十四章に大別できると読み取りました。前半は、すべての人に成仏の門が開かれていることが説き明かされます。後半は釈尊の限りない命と、その教えの普遍性が説かれています。

『法華経』の前半では、仏がこれまでに示されてきたすべての教えの意義を明かし、あらゆる人々が成仏できることが示されます。これが一乗の教えです。

大乗仏教の立場では、それ以外の仏教をすべて小乗と見ています。大乗では最高の悟りの段階は仏であり、それはすべての人が目指すべき境地であるとされます。そして仏になるための修行をするのが菩薩《ぼさつ》です。この仏・菩薩は自分の悟りだけに満足せずに、すべての人々を最高の悟りに導くことを自らの役割とし、その修行によって自分も悟りに達するとされております。

一方、小乗は釈尊の説法をさまざまに理解して、その違いによって多くの部派に分かれました。それは声聞《しょうもん》と呼ばれる、自分のためだけの修行法を聞き、その通りに修行して自分は悟ったと思う修行者や、縁覚《えんがく》と呼ばれる、師匠を持たず世の中の成り立ちを観察して、自分は悟ったと思う修行者たちを指します。彼らは自分の悟りだけで満足してしまうので、その点が大乗とは大きく異なるのです。

そして多くの大乗経典では、三乗と呼ばれる声聞と縁覚と菩薩との三種のグループは決定的に異なり、前二者は仏になることができないとしています。しかし『法華経』の前半では、この三乗に属する者たちがすべて仏になれることが明かされているのです。

それはどのようなことなのかというと、仏は人々の能力には三乗に分けられるような差異があるので、まずその人の能力に応じた教えを示

普賢延命菩薩坐像（所蔵／大分 大山寺）

し、その教えに応じた成果を得るようにと導いたのです。その結果、三乗の人たちは自分の到達した境地を、最高のものであると信じ込みました。しかし仏から見れば、三乗の人に示した教えも、その境地も、真の悟りを得るための一過程にすぎないものだったのです。

『法華経』の前半は、仏が、その一過程に満足し執着している人々を憂いて、真実を明かす場面から始まります。仏は三乗の人々に種々の教えを設けましたが、そのことはすべての人を仏の境地に導くための巧みな手段、すなわち方便であることが明かされます。『法華経』には

多くの仏たちや釈尊は、ただ一つの大事なことのために世の中に出て来ている。それはすべての人々に仏が見えるようになってもらい、きれいな気持になってもらうためなのだ。仏というものはどのようなものかわからせるために、人々がみな仏になってもらうために出て来ているのだ。

と説かれます。そしてその裏付けとして、『法華経』で初めて明らかにされた、仏の大慈悲の

あらわれである世界観が示されます。

それは、この世に存在するものはどれも無駄がなく、隔てがなく、差別対立がなく、すべてのものがこの世界を構成する上で重要な役割を果しているということです。あらゆるものが平等に存在するのは、人はもちろん生きとし生けるものすべてが仏となる可能性を持つからです。従って、本来三乗という区別などあろうはずもなく、すべての人が必ず仏になれると、仏はわれわれに保証しているのです。

これが『法華経』前半部分の中心課題です。私たちはその教えに従い、自分自身が仏になれる無限の可能性を秘めていることを自覚して、広く高い理想に向かって日々の生活を送らなければなりません。

日本では、今でも亡くなった人を「ほとけ」と呼び、多くの人はそれに何の疑問も持たずに

千手観音立像（所蔵／比叡山延暦寺）

います。それは、『法華経』によって、すべてのものが仏となる可能性を持つことが明かされていることにより、そのような考えが生じたのでしょう。このように日本人の心には、『法華経』の思想が深く浸透しているのです。

仏とその教えは永遠である

釈尊はどうして入滅されたのか、またその後に、弟子たちは何をよりどころとして修行すればよいのか。そのことを解き明かしているのが『法華経』後半の十四章です。

歴史上の仏陀は紀元前四世紀頃に悟りを開かれたとされています。ところが『法華経』第十六章には、実はそれよりはるか昔にすでに悟りを開いており、今現在に至るまで説法を続けていると説かれています。

釈尊は人々を救うために、この世に姿を現したのですが、なぜ入滅されたのでしょうか。『法

華経』には、

もし釈尊がこの世に永遠に生き続けたならば、人々は安心して傲《おご》った心を起こし、怠惰になってしまう。いつでも説法を聞けると思えば、教えを聞いても喜びの心を起こさないだろう。そこで釈尊はこの世から姿を消し、入滅したと思わせる方法で、人々を導びこうとしたのである。

と説かれています。釈尊は入滅されても、私たちに法を説き続けているのです。私たちは、その仏の大いなる慈悲を、『法華経』を通じて知ることができます。

このように、『法華経』は前半と後半とでその説いている内容も違いますが、天台大師は、その前後半を貫く重要な教えを見抜きました。『法華経』と他の経典との関係について、それらすべてを包み込む意義を見出したのです。それは、さまざまな経典や『法華経』が説かれた理由は、すべて人々を仏の世界に導き入れたいという仏の願いによるもので、そのことを開顕したのが『法華経』であるというものです。

このような考え方によれば、前半の主題である、三乗と一乗や方便と真実という反対の意味のものを理解する場合も、すべての人々が仏に向かうという一乗の過程が三乗であり、真実に導き入れる方便は、そのまま真実と一体であることを説いたものが『法華経』であると見ることができます。これで、それまで三乗を説いていた種々の経典の役割も明らかになり、それらも必要なものであることが納得できます。

後半についても同様です。『法華経』には、約二千五百年前インドで悟りを開かれたと考えられていた釈尊は、実は遠い昔にすでに成仏していた本当の仏が、すべての人々を救済するという使命を持って、この世に出現されたのだと説かれております。永遠不滅の真理そのものである本仏が、人々を導くためにこの世に出現した分身が釈尊であり、そのことを明らかにしたのが、『法華経』の後半部分なのです。

以上のように、まったく違っていると見なされているものをすべて包み込むという立場から見れば、この現実の世界も決して理想の境地と対立することはないのです。しかしそれが単なる理論として終わるならば、何の意味もありません。理論で終わらせないためには、『法華経』を聞く者が、仏の示された理想的な人生を究めようと努力する意欲が必要なのです。

この熱心な意欲があってこそ、はじめてすべての人が仏になることができ、釈尊が永遠に法を説かれているという思想も意味を持つことになります。つまり、自分自身を理想的な真の人間として完成させようとする堅い決意を持ち、実践することにより、『法華経』の教えや天台大師の理解が活かされることになるのです。

教えを実践する

仏の智慧と慈悲

私たちは生きて行く上でさまざまな場面に出会います。そしてその出会った事柄により、私たちの心は喜び、悲しみ、動揺などの反応を生み出します。しかしあまりに過剰な反応をすると、それによって精神の安定が保てなくなります。またそのように刺激されることを避けて、周囲に無関心になり、自分の殻に閉じこもり、社会に出ることができなくなってしまう人もいます。心がさまざまに揺れ動き、そしてその揺れる心に振り回されるのが人間なのかも知れません。

明治時代の文豪・夏目漱石は、『草枕』という本をこのように書き出しました。

智に働けば角が立つ。情に棹《さお》させば流される。
意地を通せば窮屈だ。兎角《とかく》に人の世は住みにくい。

人の世は智慧と感情のどちらに依って生きても、住みにくいということから、この小説が始められます。しかし、人の心はこの両者以外の働きはできないのです。

相輪樘（比叡山西塔）
（提供／比叡山延暦寺）

仏教は、理想的な真実の人間を完成させることが目的であり、その体現された存在が仏なのです。理想的な人間でありますから、仏にも智と情があります。ただし仏の智慧は「角が立つ」ものではなく、「情に流される」こともありません。なぜなら、仏は絶対の智慧を裏付けにして、大いなる慈悲を私たちに与えてくださるからです。私たちがその理想に近づくためには、仏の教えを実践する以外に方法はないのです。

自己と周囲

仏の智慧を学ぶためには、まず仏のものの見方、世界観から入っていく必要があります。ところが、この便利な現代の生活の中で、仏のものの見方に近づくのは容易なことではありません。なぜなら、私たちが日常生活を送る上で、自己と周囲のものは各々独立して成り立っていると考えているからです。

特に便利な社会の中では、自分は自分独りで生きている、または自分の見える範囲の中だけで生きていると錯覚しがちです。通信技術の発達・多様化によって世界中の情報を知ることができますが、そのことは自分とは関わりのないこととして受け止められます。そして、自己は何の問題もなく、独立して存在していると思い込んでしまっているのです。

しかし私たちは、自己を取り巻く大きな世界の中で、多くの人々や環境のおかげによって生かされています。そのことに気付かず、歯車が狂ってしまうと、悲惨な結果を生んでしまうのです。

たとえばここに網があるとします。その網の目はひとつひとつ独立した目ですが、そのひとつの目をつまめば、すべての目がそれに引かれて動きます。またその網が何かを捕獲するためのものであれば、すべての目が必要であり、独立した網の目ひとつでは何の役にも立ちません。

私たちは自分が他と異なる独自の特性を持ち、周囲の世界とは別の存在であると考えて生活しています。しかしそうした世界は、自然環境も人間の社会も、網の目のように、すべて無限に関わり合いつつ存在しているのです。そしてそのことに気が付くことが仏のものの見方に近づく第一歩だといえるでしょう。

また、音や映像などが記録でき、種々のものを保存できる現代は、時間さえも止められると錯覚する場合があります。しかし、今でも時間の経過とともに、人間は老いていき、楽しい時は続かず、嫌な時間はすぐにやってくることには変わりありません。また、過去からの多くの人々と関係を結んできた現在の自分は、それらによって多くの制約や苦労を強いられます。このように、自分の意思とは関係なく流れる時間によって、人間は昔から大きな苦しみを感じてきました。そして現在と区別して、過去・未来を考えるようになるのです。

ところが、時間は過去・現在・未来とに分けられますが、それらは独立してあるわけではありません。過去だけの世界、未来だけの世界というものは存在しません。現在は過去と未来を兼ねそなえた存在であり、過去も未来も同様です。つまり過去・現在・未来が融け合った世界以外にこの世界はないのが真実で、私たちは、この滔々《とうとう》と流れる時間の中で、過去・現在・未来を融け合わせて生きなければならないのです。

ところが一般世間のものの見方からは、今ある自分と周囲や時間が融け合うとは考えていません。逆にそれらは各々隔絶していると考えているのが一般的です。しかしそうした考え方こそが、人々に苦しみをもたらしており、逆にこうした苦しみがないのであれば、仏の教えは必要なくなるともいえます。

私たちの自己と周囲は、本来は融和しており、表面的に見たものや自分の心が、常にそのまま存在することはあり得ません。たとえば、網の目一部分を、流れる時間の中で一瞬垣間見たとしても、それは全体を見たことにはなりません。私たちの目に見える世界は、そのような世界ですから、本来それらはなんら真実としての実体は存在しない、というものの見方ができるようにならなければなりません。

しかし常識や現実を否定するだけでは、世間も自分も見えなくなり、自分自身をも否定してしまいます。ですから、自分も目前の周囲も、大きな世界と時間の中で多くの人々や環境のおかげによって存在していることを、認めることが必要です。そして自分は、それらに縁って生かされていると自覚しなければなりません。

常識や現実の否定と肯定とが別々に起こると、互いに融和している世界を見る真実の智慧の障害になります。ですからこの否定と肯定のものの見方にも、とらわれないようにしなければなりません。これらのような見方は一体のものであり、一瞬の心のはたらきの中にこれらの見方がなされることを目指すのが仏に近づく方法の一つです。

これまで仏と人の心について、便利な現代社会に関係付けながら考えてきました。文明を発達させた先人たちの努力と研究には、感謝する必要がありますが、一方で、人の心は昔から少しも変わっていないことに気付くことが大切です。つまり、文明が人の苦しみを軽減することを目標に発達してきたのは間違

にない堂（比叡山西塔）
（提供／比叡山延暦寺）

いありませんが、その文明に振り回されて、また別の苦しみが生まれていることも事実なのです。

しかし私たちは、この発達した文明の中で生きなければなりません。そのためにはやはり、この一体となった三種のものの見方により、周囲に振り回されないようしなければなりません。仏は「多くを求めず、しかも満足することを知ることが苦しみを軽くする方法である」という教えも残してくださっています。その意味することを理解して生きることが重要です。仏とは、このような空間的にも時間的にも融和した世界において、理想の人生を究めた存在です。この世界に逆らえば迷いが生まれ、順ずる智慧を持てば悟りとなると認識すべきでしょう。

仏の世界の地獄

仏に近づくためには、自己の心中を知らなければなりません。人間の心は、大別すると十種類の世界に変化するとされており、これを十法界《じっぽうかい》といいます。その頂点が仏の世界、次に菩薩、縁覚、声聞、天、人間界は真ん中の世界、その下に修羅《しゅら》、畜生《ちくしょう》、餓鬼《がき》、一番底が地獄の世界です。すべての存在も、この十法界の範囲を出るものはありません。

仏から声聞までは、前に述べた通りの世界です。天は神様の世界ですが、仏教では声聞と人間界の間に配置され、人間より寿命が長く、煩悩の数も少ないとされます。修羅は怒り、畜生は愚かさ、餓鬼は貪《むさぼ》りの世界で、地獄は前の三を合わせたような、自分も周囲もすべてが厭になった世界です。

そして十法界の各々に、また十法界がそなわっており、各々の世界がその特性を持ちながら互いに融和して存在しています。ですから私たちの心も、仏の尊い

六道絵 地獄（所蔵／聖衆来迎寺
提供／滋賀県立琵琶湖文化館）

気持になることもあれば、怒りや貪りなどの悪い気持になることもあります。そして仏の心の中にも地獄や私たち人間の心があるのです。こういうと不思議に思う人がいるかもしれませんが、仏に人の心や苦しみがわからなければ、人を救うことなどできないと考えれば納得がいくでしょう。

仏の教えを実践することは大変困難なことです。その実践の一つとして、この十法界をいつも心に置き、今の自分の心はどの世界にあるかを確かめなければなりません。天台の教えでは、この十の十倍の世界に、十種類の周囲のもののあり方と、三種類の世間とを掛けて、三千世界といいます。仏はこれを一瞬の心の中に体現するとされ、このことを天台では一念三千《いちねんさんぜん》といいます。

これは、私たちが周囲と自己と時間を融じることを目指すときの、目標・道しるべとなるものだといえるでしょう。もちろん容易にこのように達観することはできませんが、理想的な存在である仏を目標に、これまで残されてきた多くの仏の教えを学び、善い先生に導かれ、友人達と励まし合うことが必要になります。

第三章　叡山仏教の展開

一、伝教大師後の天台教団

伝教大師の没後、比叡山では弟子の義真《ぎしん》が八二四年に延暦寺の最高位である天台座主《てんだいざす》になり、その後、座主は円澄《えんちょう》、円仁《えんにん》、安慧《あんね》と続きました。開創した頃の比叡山の生活は経済的にたいへん貧しく苦しかったために、比叡山での修学をあきらめて山を下りた弟子も少なくありませんでした。しかしやがて有力な支持者ができて、荘園《しょうえん》の寄進や灯油料などの経済的援助によって山上の生活も改善されるようになりました。

義真（七八一～八三三）は相模国（神奈川県）の出身で、はじめは興福寺で法相宗の学問を学び、後に伝教大師の弟子になりました。伝教大師と共に通訳として唐に渡り、天台山で具足戒を受け、天台学・密教・禅・菩薩戒を学んで帰国しました。その後も大師の活動を助け、

修禅大師（義真）像
（所蔵／比叡山延暦寺）

遺言で天台宗の後継者となったのです。そして大師の遺志を継いだ義真は弘仁十四年(八二三)に、自ら伝戒師《でんかいし》となって、比叡山上で大乗戒による授戒会を初めて行いました。また、天皇が各宗の教えをまとめることを命じた時には、義真は天台を代表して『天台法華宗義集《てんだいほっけしゅうぎしゅう》』一巻を献上したのです。

円澄（七七二〜八三七）は武蔵国（埼玉県）の人で、十八歳のときに東国で菩薩として尊敬されていた道忠《どうちゅう》（七三五頃〜八〇〇頃）の弟子になりました。道忠は、鑑真の弟子の中でも持戒第一として知られ、現在の関東地方、とくに下野国（栃木県）を中心として大きな勢力を持つ教団の主導者でした。伝教大師が比叡山上に一切経整備を計画した時、進んで援助したのがこの道忠でした。道忠門下からはかなりの数の人が伝教大師に弟子入りしますが、円澄はその最初の人でした。

円澄は延暦十六年（七九七）に比叡山に入って伝教大師の弟子となります。大師の入唐中、病気の天皇のために五仏頂法《ごぶっちょうほう》という修法をしてその全快を祈り、伝教大師の帰国後は伝教大師から菩薩戒を受けました。また大同二年（八〇七）に伝教大師が『法華経』を講義した時には、その第二巻の講義を円澄が受け持ちました。そして天長十年（八三三）に義真のあとを継いで第二代の天台座主になったのです。

伝教大師の没後に天台教団をささえた人物には光定《こうじょう》（七七九～八五八）も挙げられます。光定は伊予国（愛媛県）の出身で、大同年間（八〇六～八一〇）に比叡山に登って伝教大師の弟子となり、学問と修行に励みました。また義真から『摩訶止観』の講義を受け、後には円澄などと空海から密教を学びました。弘仁六年（八一五）には、宮中での論議を担当し、それ以後宮中との関係が増し、大乗戒壇設立の際には折衝役として、その実現に大きな役割を果たすことになります。

別当大師（光定）像
（所蔵／比叡山延暦寺）

二、教団の確立と慈覚大師円仁

第三代の天台座主になったのは慈覚大師円仁《じかくだいしえんにん》（七九四〜八六四）です。円仁は下野国都賀郡《つがごおり》の出身で、道忠の弟子の広智《こうち》の門下になりました。そして大同三年（八〇八）十五歳のときに広智に伴われ比叡山に登り、伝教大師の弟子になりました。弘仁七年から八年にかけて、伝教大師の東国布教に同行し、下野で灌頂《かんじょう》を授けられました。それから十年間籠山して学問と修行に励み、その後、法隆寺《ほうりゅうじ》や四天王寺《してんのうじ》で講義を行いました。しかし四十歳ころに体調をくずして比叡山の横川《よかわ》にこもり、そこで坐禅や『法華経』の書写を行いながら健康の回復をまったのでした。

健康が回復した円仁は入唐請益僧《にっとうしょうやくそう》に任命され、承和二年（八三五）に遣唐使船に乗って唐に渡ります。しかし円仁は天台山に赴くことを申請しましたが、

慈覚大師（円仁）像
（所蔵／比叡山延暦寺）

許可されず揚州《ようしゅう》に留まりました。

この間、開元寺《かいげんじ》で梵字や密教を学び、翌年日本に向かうこととなりました。しかし唐での仏教の求法が十分でなかったことを残念に思った円仁は、山東半島の先端にある赤山《せきざん》で船を下り、法華院《ほっけいん》に留まりました。これは不法滞在であり、はじめは当局の厳重な監視下に置かれました。しかし根気よく何度も交渉を重ねた結果、翌年ようやく旅をすることが許されて、新たな目的地である五台山《ごだいさん》（現在の山西省）に向かうこととなったのです。

円仁は文殊菩薩の聖地である五台山を巡礼し、念仏三昧の方法を学びました。さらに唐の都である長安に向い、元政《げんせい》から密教の金剛界《こんごうかい》を、義真《ぎしん》から胎蔵界《たいぞうかい》と蘇悉地法《そしつじほう》を、法全《はっせん》から胎蔵界を学び、六年間長安に滞在しました。

ところがその時、「会昌《かいしょう》の破仏《はぶつ》」という事件が起こります。道教を重んずる皇帝の政策によって仏教が弾圧されたのです。円仁も長安を追放され、手に入れた仏教の経典などを密かに運びながら帰国の船を求めて各地を二年以上さまよいました。八四七年九月、ついに赤山からの船に乗り、帰国することができました。このように円仁の唐での約十年間は、とても充実したものであると同時に、多くの困難に直面する留学であったといえます。
なお、この時の円仁の手記は『入唐《にっとう》求法《ぐほう》巡礼《じゅんれい》行記《こうき》』としてまとめられ、当時の唐の制度や文化などを知る第一級資料として世界中の研究者から重んじられています。

帰国した円仁は天台教団の発展のために尽くします。真言宗が胎蔵界・金剛界の二つを一組とした密教の両部立てとするのに対して、胎蔵界と金剛界の二つを新しく唐で学んできた蘇悉地法によって統一する三部立ての三部大法を提唱しました。また円仁は、『法華経』も密教の経典と同じように完全無欠な悟りの教えだということを主張しました。円仁の密教に関する代表的な著作として、『金剛頂経疏《こんごうちょうきょうしょ》』七巻、『蘇悉地経疏《そしつじきょうしょ》』七巻があげられます。

さらに円仁は比叡山に常行三昧堂《じょうぎょうざんまいどう》を建立し、その修行方法として五台山で学んだ念仏三昧を採用しました。このことをきっかけとして比叡山で念仏が盛んに行われるようになりました。はるか比叡山の山から京都の街まで聞こえてくる不断念仏《ふだんねんぶつ》は「山の念仏」と呼ばれるようになったのです。この念仏には旋律が付けられたことから、円仁は「天台声明《しょうみょう》の祖」とも呼ばれます。

また円仁は、伝教大師が主張された大乗戒をさらに奨励して広めるために『顕揚大戒論《けんようだいかいろん》』八巻を書きました。これは女性にも授戒を積極的にすすめることを意図して書かれたといわれています。

叡山を中心に天台宗の発展につとめた円仁は、仁寿四年（八五四）に第三代の天台座主に任ぜられました。こうして比叡山は、円仁によって教理的にも、教団としても確立されたのです。円仁は貞観六年（八六四）に亡くなりましたが、その二年後に伝教大師の諡《し》号（おくり名）とともに、円仁にも慈覚大師の諡号を朝廷から贈られました。これは日本の歴史上初めての大師号の授与になります。

三、教団の充実と智証大師円珍

円仁のあとを継いでさらに天台宗を拡充したのは智《ち》証《しょう》大《だい》師《し》円《えん》珍《ちん》（八一四〜八九一）でした。

円珍は讃岐国（香川県）那珂郡に生まれ、母は佐伯氏で空海の姪にあたる人でした。円珍は十五歳の時に叔父の僧仁徳につれられて比叡山に登り、義真の弟子となり天台教学を学びました。二十歳の時に正式な僧となり、続いて十二年籠山行《ろうざんぎょう》を満行し、三十三歳の若さで天台教団の教学や教育を統轄する学頭になりました。

入唐を認められた円珍は、仁寿三年（八五三）、唐の商船に乗り込みました。福州の開元寺で悉曇《しったん》などを学び、天台山に向かい、国清寺《こくせいじ》で物外《もつがい》から『摩訶止観』の講義を受けました。そこで二百巻以上の天台教学関係の書物を手に入れ、また十五年前に円仁と共に入唐していた天台留学僧の円載とも会いました。

また翌年には天台山を下りて越州に向かい、良諝《りょうしょ》から天台教学の要点を学んだあと、都の長安に入りました。長安では青龍寺の法全から胎蔵界・金剛界を学び、蘇悉地法を伝授されることになります。さらに智慧輪三蔵から密教を学んだほか、

智証大師（円珍）坐像
（所蔵／園城寺）

主に密教に関する書物や法具類を多数入手しました。

その後再び天台山に登り、天台留学僧のために最澄が建てた僧坊の荒廃を見て、その復興につとめました。

円珍は、五年の修学を終え、天安二年（八五八）に帰国します。そして翌年、大友氏《おおとも》に依頼されて三井の園城寺《おんじょうじ》に移り、ここを天台別院としました。後に円珍の系統は園城寺を中心として活躍し、延暦寺の山門に対して、園城寺の系統を総称して寺門と呼ばれるようになりました。

円珍は第五代の天台座主に任ぜられ、天台の教学、特に密教の興隆につとめました。また、比叡山の守護神である大・小比叡両明神のために、遮那業《しゃなごう》と一字金輪頂王経《いちじきんりんちょうおうきょうぎょう》業の年分度者各一名ずつの増員の許可を得ました。

円珍はその後も、天皇や貴族などから厚い崇敬を受け、仏教界の中枢の役割を担いました。そして、寛平三年（八九一）に七十八歳で亡くなりました。その功績として、後に智証大師の諡号を送られています。

円珍は学問にも優れ、顕教・密教に渡り多くの著作を残しました。最澄・円仁を受け継ぐ円《えん》密一致《みついっち》の思想を推し進め、代表的著作として『大日経指帰《だいにちきょうしいき》』があげられます。また山王信仰や不動信仰も円珍より始まったとされています。

四、教団の展開

円仁の弟子の相応《そうおう》（八三一～九一八）は円仁が唐から伝えた五台山の念仏三昧を不断念仏として完成させました。

また相応は、比叡山内の神仏を巡拝する回峰行《かいほうぎょう》の創始者とされています。貞観元年（八五九）に安曇川の滝で修行をして葛川寺《かつらがわじ》を創建し、その七年後に比叡山

相応和尚像（所蔵／比叡山延暦寺）

の東塔《とうとう》に無動寺《むどうじ》を建立してここを回峰行の拠点としました。この回峰行は現在も千日回峰行として行われていますが、相応は「伝教大師」、「慈覚大師」の大師号の授与に大きな力を発揮したと伝えられています。

遍昭《へんじょう》（八一六〜八九〇）は、桓武天皇の孫にあたり、大納言良峯安世《だいなごんよしみねやすよ》の子として生まれました。仁明天皇《にんみょうてんのう》の信頼が篤く、蔵人頭《くろうどのとう》として、天皇の詔勅の作成や伝達、機密文書の保管、宮中の事務や行事をとりしきりました。しかし仁明天皇が亡くなられたのを追慕して出家を決意し、嘉祥三年（八五〇）に比叡山に登って円仁の弟子になりました。円仁の没後は円珍から三部大法《さんぶだいほう》を受法するなど密教を深く学び、これを安然に伝えます。遍昭は和歌をよくし、六歌仙や三十六歌仙の一人としてもよく知られています。

伝教大師・円仁・円珍と伝えられた天台の密教を受け継ぎ、大成させたのが安然《あんねん》（八四一〜九一五？）です。安然は幼くして円仁の弟子となり、円仁没後には遍昭をはじめとする多くの

回峰行（撮影／加藤正規 提供／比叡山延暦寺）

学僧より指導を受け、顕教と密教の両方を深く研究しました。のちに五大院《ごだいいん》を建てて生涯そこに住んで研究と著作に没頭したので、五大院の先徳と呼ばれています。

仏教には多くの仏と多くの経論がありますが、安然は、仏はひとつ、仏の説法の時も、場所もひとつ、その教えもひとつという、仏教観を展開しました。

さまざまな種類の仏や菩薩などはすべて密教でいう大日如来のあらわれであって、大日如来に帰一するというのです。仏と言っても、仏像にあらわれるような姿を持った仏だけを意味するのではなく、世界中の一切万物がそのまま仏として説法していると考えます。

また梵字に関する『悉曇蔵《しったんぞう》』を著し、悉曇学を大成しました。これは、現在の五十音の配列に受け継がれています。

以上のように比叡山には優れた逸材が次々と現れ、天台教団はますます充実発展していきました。また、歴代の天皇や藤原氏の厚い後援を受け、広大な寺領を持つこととなります。

しかし、その後の度重なる火災によって多くの堂塔が焼失し、また、僧侶の風紀の乱れが比叡山内に蔓延することとなりました。

五、比叡山を再興した慈恵大師良源

このように沈滞していた比叡山を復興したのが慈《じ》恵《え》大師《だいし》良源《りょうげん》（九一二〜九八五）です。良源は近江国（滋賀県）浅井郡の生まれで、十二歳の時に比叡山に入り、さまざまな師のもとで顕教と密教を学びました。応和三年（九六三）には宮中の清涼殿で開かれる『法華経』の講義をする法華会《ほっけえ》で、天台を代表して法相宗を代表する法蔵《ほうぞう》と論争を行いました。そして相手を論破して天台教学の優位を論証したわけですが、世の中はこれを「応和《おうわ》の宗論《しゅうろん》」と呼び、これによって良源の名声は天下に広く伝わることになりました。

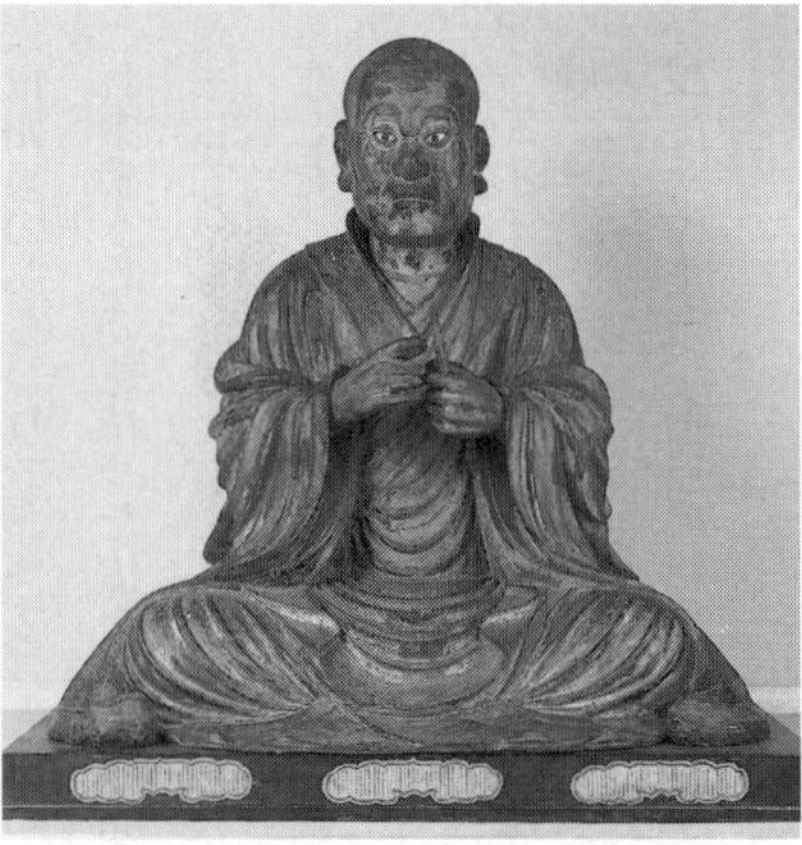

慈恵大師（良源）坐像（所蔵／比叡山延暦寺）

康保元年（九六四）、宮中の内道場に奉仕する内供奉《ないぐぶ》という役僧に任命され、二年後には第十八代の天台座主になりました。また晩年には朝廷から大僧正の位を贈られました。僧の最高位が朝廷から贈与されたのは、奈良時代に東大寺の大仏の完成に大きな貢献をした行基《ぎょうき》以来のことでした。

良源が天台座主としての約二十年の間に行った事業として大きく三点があげられます。第一には、荒廃した比叡山の整備です。焼失してしまった根本中堂をはじめとする諸堂の再建を行ったほか、円仁没後はあまりかえりみられることがなく寂れていた横川を復興し、比叡山の東塔・西塔《さいとう》・横川という三塔の形態を整えました。

第二には、教団内の僧侶の規律を正し、二十六条に及ぶ僧侶たちの義務や責任を明確にする条項を規定しました。また比叡山の東西南北の四方向に境界を定めて、十二年間の籠山行をしている修行僧の出入を厳密に規制するなど、修行僧の

四季講堂（元三大師堂）（所蔵／比叡山延暦寺）

生活を正すことに力を注いだのです。

第三には、広学竪義《こうがくりゅうぎ》の法会をはじめて論議を盛んにして学問を奨励したことです。広学竪義というのは学僧の実力を試験するための論議問答で、論議がたびたび行われることで、比叡山の学問が盛んになりました。

こうした事業を行う一方で良源は『極楽浄土九品往生義《ごくらくじょうどくぼんおうじょうぎ》』を著したといわれており、それを機に阿弥陀仏を信仰して極楽往生を願う浄土教の発展へとつながっていきます。

良源は寛和元年（九八五）に七十四歳で亡くなりました。そして慈恵大師《じえだいし》という大師号を朝廷から贈られるとともに、比叡山の復興に尽力したことから、「比叡山中興の祖」ともいわれるようになりました。

密教の修法に霊験があったことでも有名だった良源は、後世には観音や不動明王の化身として信仰されています。また魔除けの大師として尊ばれ、現在も魔除けとして家の門戸に貼られるお守り札（護符）は角大師《つのだいし》や豆《まめ》（魔滅）大師と呼ばれています。

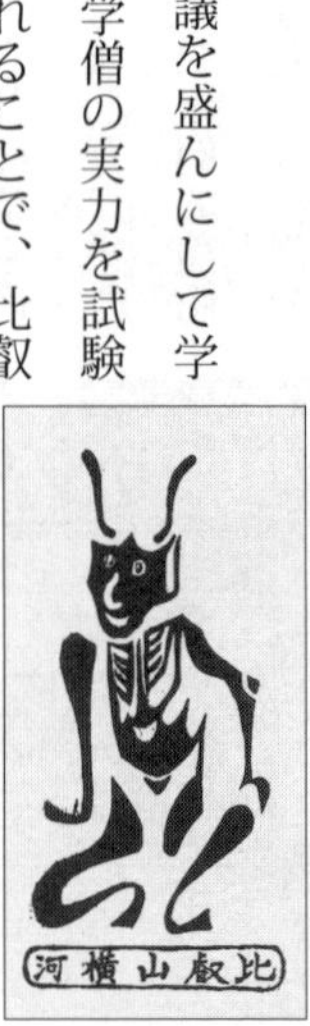

角大師

ちなみに亡くなったのが正月三日だったことから元三大師《がんざんだいし》とも呼ばれ、現在も日本各地で大師の信仰は盛んです。

また良源には、源信《げんしん》（九四二～一〇一七）・覚運《かくうん》（?～一〇〇七）・尋禅《じんぜん》（?～九九〇）・覚超《かくちょう》（?～一〇三四）・性空《しょうくう》（?～一〇〇七）・増賀《ぞうが》（九一七～一〇〇三）など多くの弟子たちがおり、それぞれが天台宗の興隆につとめる人材となりました。

六、恵心僧都源信と浄土教

源信《げんしん》は大和国（奈良県）葛城郡の出身で、幼くして比叡山に登って良源の弟子になりました。源信は優れた学僧で、三十三歳のとき登った広学竪義の高座ではすばらしい問答をして、名声を得たのでした。しかし源信は世に出ることを望まず、横川の恵心院に隠れ住んでもっぱら著作と修行に集中する生活を送り、恵心僧都《えしんそうず》と尊称されます。

源信は多くの著書を残しましたが、そのひとつの『一乗要決《いちじょうようけつ》』は、法華の一乗思想を強調して、すべての生きとし生けるものに仏《ぶっ》性《しょう》が存在することを明らかにしました。これによって法相宗の五《ご》性《しょう》各別《かくべつ》説を論破し、最澄と徳一との論争にはじまった三一権実論《さんいちごんじつろん》の争いに終止符がうたれたとされています。

また、四十四歳のときに完成した『往生要集《おうじょうようしゅう》』は、さまざまな経論から浄土往生に関する要文を集めたもので、その後の日本の浄土教の発展の基礎となりました。

『往生要集』で源信は、人間が生死を繰り返すこの世界は苦しみに満ち溢れていて、厭うべきであり、対照的に極楽浄土の安楽な世界を求むべきことを説き示しています。そして極楽浄土に往生するには念仏を行うことが根本だとしました。念仏と言うと、一般的には口で「南無《なむ》阿弥陀仏《あみだぶつ》」と唱えることと考えられていますが、源信は阿弥陀仏の姿や浄土のありさまを観想

源信画像
（所蔵／聖衆来迎寺　提供／滋賀県立琵琶湖文化館）

することが大切であると説いています。また臨終の際の念仏の具体的な方法について説いている点も大きな特徴です。

この頃、源信の周囲には文人として名高い慶滋保胤《よししげのやすたね》らが集まり、「二十五三昧会《にじゅうござんまいえ》」という念仏結社を結成していました。この集団では仲間に病人が出たときに、皆で看病して励まし合い、いよいよ病人が臨終を迎えようとするときには、その人の分まで念仏をお唱えして極楽往生を願ったといわれています。また死後は真言で加持した土砂を遺体にかけて共同墓地に埋葬していたようです。

文人貴族の間に広まった浄土教はやがて皇室や上流貴族の間にも広まりました。そしてとくに摂関時代には藤原道長《ふじわらみちなが》が法成寺《ほうじょうじ》を、その子の藤原頼《ふじわらより》通《みち》が宇治の平等院《びょうどういん》を建てたのをはじめとして、阿弥陀仏を安置して浄土を表現する多くの華麗な寺院が建立されたのです。さらにそののち末法思想《まっぽうしそう》が高まってくると、浄土教の信仰は一般の人々の間にも広がってい

阿弥陀聖衆来迎図
（所蔵／安楽律院）

くこととなりました。

また、本寺の比叡山から離れた場所で念仏修行をする僧の集団も誕生しました。その中でも比叡山東塔の常行三昧堂にいた良忍《りょうにん》（一〇七二〜一一三二）は、大原に移り住み来迎院《らいごういん》を建て、毎日『法華経』を読誦し念仏を六万回唱える生活をしていました。そして一人の念仏が一切の人の念仏と融通する融通念仏宗《ゆうずうねんぶつしゅう》を興しました。また良忍は、円仁が唐から比叡山に伝えてから後に各流派に分かれて伝えられていた、真言や経典の文に音曲をつけて唱える天台声明を、再び一つにまとめて盛んにしたので「天台声明中興の祖」と呼ばれています。

七、中世の天台宗

その後の天台宗は、密教の系統では三つの流れに分かれて発展しました。それは根本大師流、慈覚大師流、智証大師流の三派で、のちにはそれらが十三に分かれ「台密《たいみつ》十三流」といわれるようになりました。

天台教学の系統も、良源の優れた弟子たちが盛んに研究を進めました。源信に始まるとされる恵心流《えしんりゅう》、檀那僧都覚運《かくうん》を祖とする檀那流《だんなりゅう》の恵檀《えだん》両流の法門により、口伝《くでん》や切り紙で枢要な教えを伝える口伝法門が尊ばれ、これからいわゆる本覚思想《ほんがくしそう》が展開していきました。

伝教大師も主張したように天台宗では、すべての衆生に悟りの可能性があると考えますが、本覚思想ではさらに発展して、衆生のありのままの現実がそのまま悟りの現れであり、他に求めるべき悟りはない、と考えます。私たち自身も、私たちの目にする一つの草木も耳にする虫の声も、すべて仏でないものはないというのです。こうした考えは自然のありさまを尊ぶ日本人の自然観とも相まって浸透し、本覚思想は中世の文学・美術・芸能にまで影響を及ぼしました。

一方、本覚思想の発展にともなって、伝統的な天台教学の学風は次第に失われていく傾向となりました。これに対して、証真《しょうしん》（生没年不明）は、『三大部私記《さんだいぶしき》』を著して、伝統的天台教学の重要性を示しました。

また、平安時代の末から鎌倉時代の初期にかけて活躍した天台僧として慈円《じえん》（一一五五〜一二二五）があげられます。慈円は歴史書である『愚管抄《ぐかんしょう》』や歌集『拾玉集《しゅうぎょくしゅう》』の作者として有名ですが、天台座主に四度も選ばれ、また密教の行法に特に精通しており、密教に関わる著作が多数あります。

これと同時期に新しい鎌倉仏教の担い手となる僧たち、すなわち法然《ほうねん》（浄土宗）・栄西《えいさい》（臨済宗）・親鸞《しんらん》（浄土真宗）・道元《どうげん》（曹洞宗）・日蓮《にちれん》（日蓮宗）らが比叡山に登って修行し学問をしました。このことから後に比叡山は「日本仏教の祖山」と呼ばれるようになったのです。今日でも比叡山の大講堂には伝教大師をはじめとする比叡山歴代の高僧の像と並んで、こうした鎌倉仏教の祖師たちの木像が奉安されています。

比叡山は、学問と修行の道場として発展する一方で、円仁門徒と円珍門徒の対立から始まる延暦寺（山門《さんもん》）と三井園城寺（寺門《じもん》）の抗争や、権益を守るために武装した集団、いわゆる僧兵の悪行など、目に余る所業もありました。比叡山は宗教的な信仰の山であると同時に武力的にも強い影響力を持つ一大勢力となっていったのです。

このような状況のもと、比叡山上では僧風の堕落が顕著となっていき、戒律も有名無実なものとなっていたのです。それを打破するために、鎌倉時代から南北朝期にかけて戒律を復興させようという動きが起こりました。それは比叡山西塔の黒谷《くろだに》にいた叡空《えいくう》（～一一七九）から始まり、興円《こうえん》（一二六三～一三一七）、恵鎮《えちん》（一二八一～一三五六）と引き継がれました。この流派は黒谷流と呼ばれ、伝教大師が重要視した大乗戒と大師が定めた十二年籠山制度の復活につとめたのです。後にこの流派は元応寺《げんのうじ》流と法勝寺《ほっしょうじ》流の二派に分かれて、密教の要素を取り入れた新しい授戒方法をすすめていきました。

またこれと同時期に、京都の廬山寺《ろざんじ》を中心として戒律が盛んに学ばれるようになり、この流派は廬山寺流と呼ばれました。

黒谷の戒律を伝えた人物の一人として真盛《しんせい》（一四四三～一四九二）があげられます。黒谷に隠遁していた真盛上人は『往生要集』に導かれ念仏の修行につとめ、円戒と念仏の二門による法儀を唱えました。現在では、真盛が復興した西教寺《さいきょうじ》を総本山とし、天台真盛宗として独立しています。

八、近世の天台宗と慈眼大師天海

武装化し、大きな影響力を持っていた比叡山に対する織田信長の比叡山焼き討ち（一五七一）は、比叡山を壊滅的な状態に追い込み、多くの仏像や貴重な典籍を焼失させました。その後、比叡山復興は信長在世のうちは許されることはなく、豊臣秀吉の時にようやく復興の許しが出ましたが、往事の勢いにはほど遠いものでした。しかし、慈眼大師天海《じげんだいしてんかい》（一五三六～一六四三）の登場により比叡山は再び復興の道を歩むこととなったのです。

慈眼大師（天海）坐像（提供／比叡山延暦寺）

天海は奥州会津に生まれ、百八歳まで生存したといわれています。天海は徳川家康の信任を得て幕政に参画し、二代秀忠、三代家光にも帰依を受け活躍しました。その間に比叡山は復興され、日光東照宮《にっこうとうしょうぐう》を創建し、東叡山寛永寺《とうえいざんかんえいじ》を開創することで、天台宗の中心となったのです。

江戸時代には、寺院を幕藩体制の支配機構の中に組み込むために、寺院法度《じいんはっと》と呼ばれる法令が布達されました。そしてそれまでにもあった各宗の本山と末寺の関係を、政治機構の中に寺院組織として組み入れました。それは本末《ほんまつ》制度といわれ、各宗の本末の関係を記録した、本末帳の提出が命令されました。今日の本山と末寺との関係も、その本末帳に基づくものです。

一方、幕府はキリシタンを摘発するために、キリシタンではない証拠の手形を寺院から出すという寺請《てらうけ》制度により、宗旨人別帳《しゅうしにんべっちょう》の作成を制度化しました。これによって、手形を与える寺院と請ける家との関係が密接になり、葬儀や法要は決

日光山輪王寺三仏堂（提供／輪王寺）

まった寺院と家との間でなされるようになり、そうした寺檀《じだん》制度が後に現在の檀家《だんか》制度へと発展していきました。

幕府の政治的規制と他の思想からの批判を受けながら、僧侶達は諸宗の教学を復興させるために努力を重ねていきます。幕府の政策にも助けられ、各宗に檀林《だんりん》と呼ばれる僧侶養成機関が設置されました。天台宗にも関東十檀林が置かれ、多くの学僧が輩出しました。今の天台宗の教学も、この時代の研究から続いているものが多くあります。

九、明治以後の天台宗

明治維新にあたり日本社会全体が大きな変革の波に襲われました。その中で天台宗も大きな影響を受けました。一つは、神仏分離令とそれに伴う廃仏毀釈《はいぶつきしゃく》でした。それまで本地垂迹説《ほんじすいじゃくせつ》に基づいて結ばれていた寺社の多くは分離され、日吉大社や羽黒山のように寺院そのものが廃止されるところも多く、天台宗の勢力は大きくそがれることになりました。

また、政府の宗教政策の改革に伴い、江戸時代を通じて天台宗を統括していた東叡山輪王寺《りんのうじ》門跡《もんぜき》は廃され、妙法院、青蓮院、三千院の三門跡が一宗の法務を担うようになりました。明治三年、比叡山が総本山と定められ、一宗の中心はここに移されました。

さらに、明治二十一年に天台宗務庁が滋賀県大津市坂本の滋賀院に移されました。戦後、新しい宗教法人法のもと、天台寺《てんだいじ》門宗《もんしゅう》、天台真盛宗《てんだいしんせいしゅう》、和宗《わしゅう》、聖観音宗《しょうかんのんしゅう》、金峯山修験本宗《きんぷせんしゅげんほんしゅう》、鞍馬弘《くらまこう》教《きょう》などがそれぞれ独立しました。しかし、これらの宗派に、孝《こう》道山本仏殿《どうざんほんぶつでん》、妙見宗《みょうけんしゅう》、粉河観音宗《こかわかんのんしゅう》、念法真教《ねんぽうしんきょう》を加えて、大乗連盟という組織を作り、現在も相互協力の関係を続けています。

日吉大社（提供／日吉大社）

第四章　伝教大師の目指した仏教

伝教大師は、仏の教えをすべての人々に開放するために心身を捧げ、自ら菩薩としての姿を示しつくし、臨終の「御遺戒《ごゆいかい》」に次のことばを残しました。

ただ私は、いくたびもこの国に生まれ変わって、戒《かい》・定《じょう》・慧《え》の三学を習い学び、一乗の教えを弘めようと思う。もし心をおなじくするものは、道を守り、道を修行し、あい思ってそのときを待ってほしい。

時に大師、五十七歳でした。「一乗の教えを弘める」ということは、すべての人々を大乗菩薩戒のなかに目覚めさせ、大乗仏教の理想の国を建設するということです。そうした考えは在家か出家かを問わない万人のための仏教の源となり、それ以後のいきいきとした仏教信仰の基点となりました。ここでは、大師の生涯におけることばのなかに「伝教大師の仏教」を探っていきます。

一、自己をみつめる

伝教大師は比叡山に入られる時に『願文《がんもん》』をしたため、入山修行の決意と誓いを表明されました。それは私たちの歩むべき道と、日々の行いへの指針を与えてくれています。

大師は、まず、私たちひとりひとり自分自身の本当の姿を見つめることを教えています。

かぎりなく広がっている迷いの世界は、生きものにとって真の安楽の世界ではない。そこは輪廻転生をくり返す騒然たる世界で、ただ憂いにみちているだけである。それだけではない。私たち一人一人の命は、風のようにはかなく、ささえていくことさえおぼつかないし、朝露のようなあやうい体は、いつ消えてしまうかわからない。（『願文』）

全く私たちの生きる世界は騒然たるところです。自分がいる場所に欲求が満たされなければ、すぐに別のところに満足を得る手だてを求めて他人を非難し、論難し、攻撃して、ひとときの享楽を勝ちとる。自分は楽に満たされ、他人は苦に瀕する。自分と他人とをつねに対立的にみて、自分が得たものは永遠に変わらない、絶対に手放したくないと固く思い込んでいる。

これが私たちの日々の営みというもので、すべては欲望がもとになっています。世界は欲でなりたっており、世界の動きはそのまま心のはたらきなのです。

けれども立場などいずれ入れ変わり、消えてゆく

延暦寺 根本中堂と大講堂（提供／読売新聞大阪本社）

ものです。大師はこのような刹那的な三界《さんがい》（迷いの世界）の楽は、ほんとうの楽ではなく、心かき乱す世界であって、三界のなかに永遠の楽などないと説いています。

また、人は欲を満たす自分の体と命を永遠のものと思い込んでこよなく愛し、頼りとし、そこにさらなる楽しみを求めています。しかし、体と命は無常で朝露のようにあやういもので、いつ消えてしまうかわかりません。

大師は、仏の道に入るにあたって、自己の体と命ははかないものであることを心に明記しておくべきことをお示しになったのです。

二、人身は受け難く、仏法は聞き難し

私たちは、無常ではかない命であっても人間の身体を受けて人間として生きています。大

師は人間というものについて次のように説かれました。

生れたいと思っても生れることはむずかしく、しかもはかなく消えやすいのは人間の体である。(『願文』)

すべての生きものはその行いの善か悪かによって、天、人間、修羅《しゅら》、畜生《ちくしょう》、餓鬼《がき》、地獄という六つの世界のどこかに生まれゆくというのが六道輪廻《ろくどうりんね》という考え方です。

人間の世界は、過去に善行を積んだことの善い報いとして人間の体を受けて生まれ、人間としてさらに善い行いを積めば天の世界に生まれることができるけれども、殺生・盗み・嘘つきなどの悪い行いをおかせば地獄や餓鬼の世界におちてしまうという、まことに不安定な生存のありかたです。

しかし他の地獄や餓鬼などの五つの世界のどの生きものよりも仏の教えを聞いて無常を感じ仏の道を実行する能力をそなえているのは人間だけです。人間は善と悪と聖と俗との性質をかねそなえた微妙な位置に生きている存在なのです。

そこで、大師は「得難くして移り易きはそれ人身なり」と説かれました。これは人身を受けて生まれた人間というものの位置をよく確認しなさいと教えるものです。得難くして移りやすいのはなにも人間だけではありません。他の生きものだって同じことです。しかし大師はとくに人身の得難きことを強調されました。この答はこのことばに続くところに明かされます。

それをしなくてはいけないと思ってもなかなかできないうえに、できても忘れやすいのは、善いことをしようという心をおこすことである。（『願文』）

私たちは現に人身を受けてここに生きています。この人間としての自己というものを、過去における無限の輪廻転生《りんねてんしょう》の結果であると受け止めてみると、大師の「人身は得難く移りやすい」の教えがより深く理解されます。

善い行いによって、善い生存を受けるというのが、仏教の考え方です。私たち生きものには、善い行いをするという性質がそなわっています。けれども実際には、善い行いをすることは大変むずかしいことです。第一に生きものの生命は他者を食物として摂取することによって維持されますから、私たちは基本的に殺生をせざるを得ないという宿命を背負っています。このために人間には生きものに対する慈しみの心をあらわして、自己の罪を洗い清める懺悔という善心がそなわっています。しかし、善心は起し難いので、人間は過去の無限の時間における輪廻転生のなかでおそらく幾度となく地獄や、餓鬼の世界をめぐってきたにちがいありません。しかし幸いなるかな、そうしたなかでも一分の善心を起こすことができ、その果報として今、人間として生まれることができたといえるでしょう。

人間としての生まれをもたらす原因はただ一つ善心だけなのですが、これは起しがたく忘れやすいものですから、無限の輪廻転生のなかで人間に生まれること、人身を受けることは容易なことではありません。たとえば、大海に落とした針を探して拾い上げたり、世界一高い山の頂上から糸を垂らして麓《ふもと》の針の穴にその糸を通すといったことはほとんど不可能なことと考えられます。それくらい人身を得ることはむずかしいのです。

私たちはいまここに得難き人身を受けることを得て人間として生きている。そして、さいわいにも人間は仏の道の入り口にもっとも近い位置にあるという。そう考えてみると、人間とはまったく「ありがたい」存在であることが確認されます。「ありがたい」は「受けがたい」であり、かつ「さいわい」であるということです。また、「さいわい」であるけれども人の一生は短く「はかない」ものであり、ゆえに人間存在は「尊厳」なのであると大師は教えているのです。

三、菩薩のおこない

それでは人間として生を受けたもののためにすべきこととはなんでしょうか。

生きているときに善いことをしておかなくては、死んだとき地獄の炎に焼かれるたき木となるしかない。(『願文』)

大師は人間の「尊厳」と「因果の道理」を知った者のただ一つの行いは「善行」だけであると断言しています。大師の説かれる善い行いとは仏陀になるための「菩薩行」で、菩薩行こそが大師の教えの根本です。

仏菩薩の救いの手を待つ迷いの人々が住むところを仏国土《ぶっこくど》(仏の国)といいます。菩薩とは悟りを求めて修行に励む人をいいますが、そのもっとも大切な修行は自分の利益を忘れて他人の利益になることをすすんで行うことです。この修行をしっかりと実践することによって、ものごとに対する欲望と執着心が徐々に減ってゆき、自分と他人とを平等に見ることができるようになって、悟りへと近づいていきます。そして菩薩は同

聖観音菩薩立像
(所蔵/比叡山延暦寺)

時にこうした修行の功徳を人々に施します。人々に施す力がさらに悟りへと近づく力となっていくのです。

このように菩薩が活動する場所こそ仏の国、すなわち救われるべき迷いの人々が住む場所です。迷いとは心の世界ですから、仏の国とは人々の心そのものということになります。

人々の心は菩薩が活動する場所であり、人々の心を悟りへといざないます。菩薩の行いを実践する人は、自分の心を浄《きよ》めるとともに人々の心を浄め仏道に向けるという二つの修行をします。これを仏国土を浄める（浄仏国土《じょうぶっこくど》）といいます。

大師は、人として生まれたからには、人々の住むところで、生きているうちに菩薩の行いに励むことを誓われ、私たちに人として生きるべき道を悟されたのです。

四、すべての人はみな菩薩

大師は菩薩を「道心ある人（悟りをめざす人）」と呼び、その心は「慈悲（自分と他人とを分けへだてなくいつくしむ心）」であり、その行いは「いやなことは自分に向け、よいことを他人に与える」ことに尽きると述べられました。

大師は人々が幸せに生きる世界をつくるには菩薩を育てなければならないと考えました。その基づくところは『法華経』が説く「すべての人はわけへだてなく仏と同じ悟りへと向う乗りものに乗っている」という教えです。「仏と同じ」ことを「一」といい、この乗りものを「一乗《いちじょう》」といっています。

むかし釈尊は、菩提樹の下でひとり悟りを開かれ、数週間ものあいだ自分だけのこの上ない解脱の味わいに浸りました。そして、その境地を人々に教えるべきかどうか考え悩んだ後、ついに教えを説く決心をしました。自分だけの世界を打ちやぶって他の人に利益を及ぼす仏の道を世界に示した第一声でした。

釈尊に説法を決心させたものは、人々が自分と同じ心の平安が得られるように願う「大いなる慈悲の心」でした。これが仏の心であり、菩薩の心です。

釈尊が説法をされたことには実はもう一つの秘密の教えがありました。それは人が生まれながらにして持ち合わせている潜在的な能力についてです。たとえ仏陀となり能力を超えた力をもつ釈尊でも、人が悟りを得る性質や能力を持っていないならば、悟りへと導く手だても無駄になります。

釈尊は、悟りを開かれた後の数日間に人の真実の姿というものを深く観察しました。そして「人はみな迷いの渕にあって騒然とした姿をあらわしているけれども、彼らは生まれながらにして仏の本性をもち、悟りへの道を歩むことができる存在である」とわかりました。この観察があったからこそ、迷える人々に教えを説くことが、意味のあることとなったのです。

仏の本性を「仏性」といい、すべての人が持ち合わせていることを「一乗」といいます。これは『法華経』の根本の教えです。『法華経』は「仏の子」「わが子」という温かいことばで、すべての人を表現しています。

五、菩薩の行を実践する人—凡夫の菩薩・仮名の菩薩—

仏の教えを実行して悟りへと向う人とは菩薩です。『法華経』は、すべての人は菩薩であると教えています。私たちは生まれながらにして仏の本性を持ち合わせています。それは、仏を目指し努力する菩薩の本性を持っていることにもなります。今はまだ仏の本性をあらわすことができず、迷いの姿に隠されているだけなのです。ですから、まず自分が菩薩であることを自覚し、一歩ずつ小さな菩薩の行いを積んでいくことが大切になります。

観音菩薩や地蔵菩薩などは、人々を自在に導く力を持ち、ほとんど仏と同等の菩薩であることから「大菩薩」としてあがめられています。

大師が私たちに自覚をすすめる菩薩とは「凡夫《ぼんぷ》の菩薩」です。凡夫の菩薩とは日々の生活の場において善い行いをしている人をいいます。「善い行い」とはもちろん大師のお示しになった「好事《こうじ》を他人に与える」菩薩の行いです。そして『法華経』の一乗の教えにある「人はみな菩薩の行を実践する能力をもっている」ということが大師の主張を支えています。

大菩薩はたしかに修行をなしとげた理想の菩薩です。けれども理想を夢をみるだけでは、私たちの菩薩の行いは実現しません。一歩一歩小さな善行を積み上げてゆく菩薩行でなければなりません。

大師は菩薩行を実践する人を理想とし、菩薩行を行う自身の姿を「仮名《けみょう》菩薩（名ばかりの菩薩）」とあえて表現しました。それは、大菩薩に比べれば、修行も至っておらず、ほとんど名ばかりで日々凡夫の小善に甘んじている菩薩のことです。しかし、大善を理想としても、一分の小善すらできない人に比べれば、仏国土を浄める菩薩としては優れているのです。

日ごろ心がけた善行はもちろんのこと、無意識になす善行でさえも仏菩薩のはたらきの一分です。一分の菩薩行といえども仏菩薩の無限の世界に連なっていると自覚することが大切です。

菩薩行とは仏の世界を照らす行いでもあります。仏の世界とは私たちが住むこの世界です。

私たちは一人一人さまざまな縁によって、幸いにして人間としての生存を得ています。その縁によってこの場に生きている自分の「ありよう」を「一隅《いちぐう》」と表現しました。縁によって、その「ありよう」は人それぞれです。そのそれぞれの「ありよう」のままで菩薩の道を実践していく、これが一隅から仏の世界を照らすということなのです。

六、人づくりは国づくりの基本―護国―

人づくりとは大乗菩薩の育成のことです。伝教大師の仏教思想の大きな柱の一つは、仏教によって人材を育て、その力によって国を守るということです。そしてその構想の基本を「菩薩」を育てることに置きました。

大師は、比叡山を法華一乗の精神の発信基地とし、ここで養成した菩薩を日本全国に派遣して、その教えを普及させようとしました。この考えは法華経・化城喩品《けじょうゆほん》にいう「願わくは、如来から受けた功徳を、すべての人々に及ぼし、私たちと人々が共に仏道を成就することができますように」という精神そのものです。

菩薩とは、大乗仏教が理想とする人物像で、釈尊と同じ悟りを求めて利他の行いに励む人をいいました。しかし、大師在世の頃の日本の仏教は大乗仏教の流れを汲んではいましたが、僧たちは自分の学問と修行に専心するだけで、世俗社会の人々との関わりを断っていました。また、自分たちを公務の出家者として特権的地位におき、大乗菩薩の本分である人々と共に仏の道を求めるということを疎んじていました。つまり、出家者は未来に自己が菩薩行を完成することを夢想するだけで、現実の社会に何を為すべきかを忘れていたのです。

かつて日本には菩薩僧が活躍していました。それは行基といい、在俗の出家者として民衆とともに活動し、橋を作り、溝を掘り、堤を築き、福祉施設を建てるなど、民衆のためのさまざまな社会事業を興しました。そのために行基菩薩と呼ばれたのです。

七、道心あるものは国の宝

私たちの行いはすべて、仏の世界へと連なる菩薩の行いです。大師はこの菩薩の心を「道《どう》心《しん》」といい、次の言葉を示されました。

国の宝とは何か。宝とは道心である。道心をもつ人が国の宝なのである。むかしの人も「直径が一寸もある宝玉が十個あっても国の宝とはいえない。千里を照らすほどの一人の人材こそ国の宝である」という名言をしるしている。

(『山家学生式』)

国の宝とは、財宝ではなく、国を守る人材のことです。大師はこの文で、世界の中で自己を活かしながら利他の行いに励む菩薩としてのあるべき姿をあらわしました。

それは、すべての人が菩薩であるとする考え方で、『法華経』の「一乗」の思想に依るものです。すべての人は菩薩であるという自覚をもって、自己を活かすべきであると考えることが、大師の護国思想の基礎なのです。その自覚を道心と言います。現在、天台宗で展開している「一隅を照らす運動」は大師のこの教えを実践することを目的としています。

大師はこうした考えに立って次のように説かれます。

いにしえの賢人は、自分の考えをよく主張できるが、実行をともなわない人は、「国の教師（国師）」である。実行力があっても、自分の考えを上手に主張できない人は、「国の働き手（国用）」である。実行力があって、そのうえ自分の考えをうまく主張できる人こそ「国の宝」である。と言っている。ただ自分の考えも主張することができなければ、実行力もない者となると、「国のためにならないもの」と言うほかはない。（『山家学生式』）

この言葉は、比叡山において出家の菩薩を育成するという教育理念を説いた「山家学生式」の中に述べられるものです。要するに、すべての人はあらゆる可能性を持っているから、その可能性を活かすべきであるという教えです。

大師は「主張できる人」「実行できる人」は地方に派遣し、各地域で精力的に活動をさせ、両方ができる「国の宝」は、比叡山に残り後進の指導にあたらせることとしました。「主張できる人」も「実行できる人」も菩薩の利他を行う人です。すべての人は主張し実行できる可能性をもっています。しかし、その可能性を活かさず、他人のために社会のために何もしない者を「国のためにならない者」と誡めるのです。大師はいま自分が置かれた状況において自己の可能性を精一杯活かすべきであると教えています。

第五章　伝教大師の心を現代に生かす

一、伝教大師の心を生かす

二〇〇六年、今、この時に、私たちが生命を持ち、この世間に生きている理由は何でしょうか。仏典では、広く深い海の底に、細く小さな針を落としてしまった、この針を探し出し再び手にすることは、大変困難なことですが不可能なことではないといっています。

しかし、一度失った人の身命を再びよみがえらせる困難さは、海底の針を探し出すことの困難さの比ではないとも説いています。

現代の遺伝学者によれば、人間として生まれてくるというのは、一等賞の宝くじに千回続けて当たることよりもっと奇跡的なことなのだそうです。また、幸い、人として生まれ出でても、仏に値い、法を聞くことが出来るチャンスは、三千年に一度花開くという優曇華《うどんげ》の花に会う幸運に恵まれるようなものだといえるでしょう。

しかし私たちは、今、この時代に生き、天台宗開宗千二百年の慶事を執り行っています。このことは、大変幸運な出来事の中に私たちは生きているのだということの証しだと思われます。伝教大師という宗祖をいただき、大師の言葉の数々をひもときながら、私たちは仏にまみえることが出来るのです。

受け難き人身を受け、値い難き仏に値い、聞き難き仏法を聞く、これだけでも大変な喜びですが、ましてや、天台の宗徒は、『法華経』という無上の法に値うという至極の幸いを手にしています。

『法華経』の宗徒は、かつて種々の因縁によって仏に仕え、仏の子としての宿縁を身の中に宿している人達なのです。

私たちは、すでに仏によって、仏の知見を開・示・悟・入されているのです。その仏の知見とは、一乗ということであり、一仏乗ということであります。

この世の生きとし生けるものすべては、絶対無差別の存在であり、その故に、すべては仏となることが出来るのです。差別を生み出すように感じられる私たちをとりまく環境世界も、実はそのまま仏の悟りの世界そのものなのです。

そのことを信じ、この世に仏国土を建設することに意欲を燃やすことこそが、一仏乗ということだといえるでしょう。たとえそれが、困難なことであろうとも、私たちは千載一遇の幸運に恵まれた仏子であることを信じ、前進しなければならないのです。

宗祖伝教大師が、わが志を述べよ、とおっしゃったことはそのことを指しています。地球の温暖化や自然破壊の進行など、行く手に暗い影がほの見えている現在、勇気を持って、仏の加護を祈りながら、希望のもてる仏国土の建設へと努力を重ねていかなければならないのです。

二、天台宗のとりくみ

伝教大師は、すべての人が仏になるための正しい教えを広めることを目指していました。それは同時にこの世の中を浄めるということを意味しています。そのために伝教大師は発言と行動ができる有能な人材を比叡山で育て、世に送り出そうと決意しました。そして十二年間におよぶ比叡山での修行を課して、己の利益を忘れて他のために尽くす利他の人材の育成につとめたのです。

この伝教大師の意志は、現在の社会でどのように活かされるべきでしょうか。いまこの時代、伝教大師の志を述べるために天台宗では次のような活動を広く社会に向けて展開しています。

円頓菩薩戒の授戒運動の展開

円頓菩薩戒とは大乗仏教の戒です。これは僧侶であるとか、在家であるといったことに関わらずすべての人々が保つべき心の柱とも言えます。一般的に戒律というと自らを厳しく律することに重点を置くように思われますが、円頓菩薩戒は他のすべての人々を救うことを目標とした戒律なのです。

円頓菩薩戒で、最も重要なことは、三聚浄戒《さんじゅじょうかい》と呼ばれる三つの精神です。具体的には、摂律儀戒《しょうりつぎかい》（悪いことはしない）、摂善法戒《しょうぜんぼうかい》（善いことを進んでしよう）、摂衆生戒《しょうしゅじょうかい》（他の人の幸せのために尽くそう）の三つを指しています。

またこの授戒は、仏さまより直接に戒をいただく尊い儀式であり、それによって自分の中にある仏に気付くことができます。大師はこの授戒の儀式を日本に伝え、すべての人々に菩薩戒を授け、大乗の精神を世に広めることを誓いました。

天台宗では、伝教大師以来一千二百年の間、多くの人々に菩薩戒を授けてきました。人々はこの円頓菩薩戒を授戒することによって真の仏弟子となり、他のために慈悲の心で働く菩薩行の実践を続けているのです。

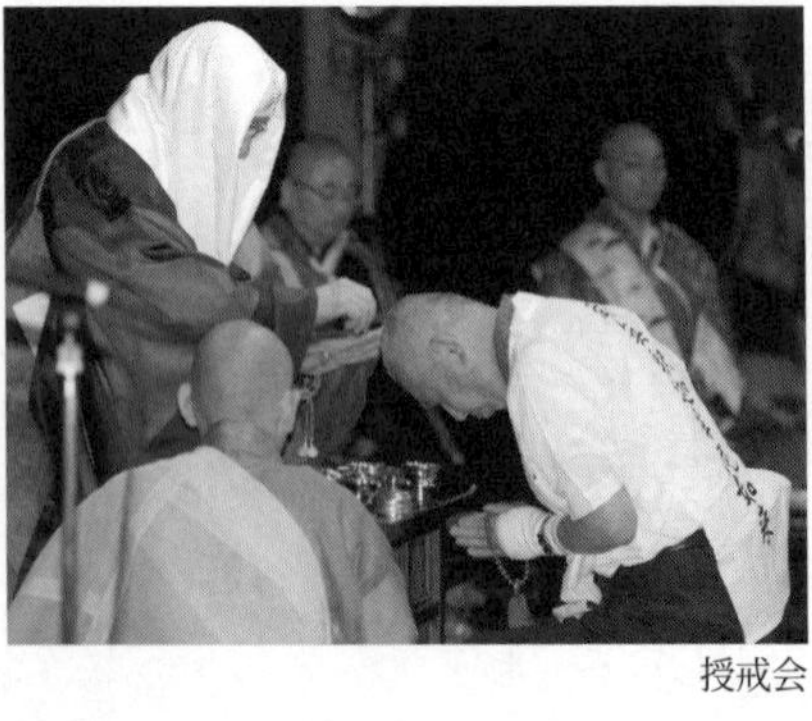

授戒会

平成十八年は天台宗が開かれて千二百年になります。天台宗では、この嘉辰を記念して全国的に授戒会を展開しております。

一隅を照らす運動

現代社会に生活する私たちは、伝教大師の精神をどのように活かしていけばよいのでしょうか。

天台宗が近年最も力を注いでいる運動に「一隅を照らす運動」があります。これは伝教大師の著『山家学生式』の冒頭の、「国宝とは何物ぞ、宝とは道心なり、道心ある人を名付けて国宝となす、故に古人の曰く、径寸十枚これ国宝にあらず、一隅を照らす（照千一隅）、これ即ち国宝なり」ということばにちなんだものです。

国の宝は、財宝ではなく、一隅を照らす道心ある人であるということばは、「わが志を述べよ」という大師の遺言にも強調され、私たちを菩薩となるように励ましているのです。

昭和四十四年（一九六九）に発足した「一隅を照らす運動」は、自分自身が一隅を照らす人（菩薩）になるようにつとめ、その一隅の輪を社会へと広げていこうとする社会啓発運動です。

この信仰の中心は、伝教大師が心血を注がれた円頓戒で、誰もが生まれながらにして持っている仏の心（仏性）に目覚め、仏の力を得るためのものです。仏の力を発揮して、社会・家庭・自分の生活を力あるものにします。その儀式を授戒会といいます。

心に仏性自覚の灯をともし、世界に輝く「国宝」となるようにつとめましょう。そうすれば、この世界はかけがえのない社会となるでしょう。

「一隅を照らす運動」では、次の三つの実践目標を設けています。

生命《いのち》《あらゆる命に感謝しよう》

人間に生まれたことにまず感謝し、先祖や両親から受け継がれてきた生命の道の中で生かされていることを自覚しましょう。生命の大切さを知り、未来に生きる子どもたちのために、私たちは先祖によって培われた正しい人間のあり方を伝え、新しい命の誕生を心から祝福しましょう。

奉仕《ありがとうの心で行動しよう》

仏教の布施《ふせ》の精神を実践すること、見返りを求めない無償の活動です。

世界中が平和に暮らすには、常に弱者の立場に立って物事を考え行動することが大切です。慈しみと思いやりの心を家庭内に育み、家族みんなで心を合わせて奉仕活動を行いましょう。

共生《地球に優しい生活をしよう》

おいしい空気、清らかな水、大地から与えられる食物や天然資源、これらの恵みは私たちが生きる源です。しかし、これらは決して無尽蔵ではありません。増え続けるゴミの問題、特に家庭のゴミは産業廃棄物の量を超え、深刻な地球環境の悪化を招いています。まず私たちが物を大切にし、家庭内からのゴミを少なくすることが大切です。また、使える物はできるだけリサイクルしましょう。

このように自分のできるところから実践していくことを多くの方々に呼びかけております。

「一隅を照らす運動」では具体的には以下のような実践活動を行っています。

一、ユニセフ支援活動

皆さまからお寄せいただいた「地球救援募金」などをもとに、ユニセフに対する活動支援金を毎年「比叡山宗教サミット」または「天台青少年比叡山の集い」の席上で贈っています。一九九五年度からは天台青少年比叡山の集いに参加した子どもたちにも募金を呼びかけ、あわせてユニセフに贈呈しています。

二、ドゥアン・プラティープ財団（タイ）支援活動

プラティープ財団は、スラムの救済を目的に設立された財団で、教育里親プログラムをはじめとして、青少年、保護者、地域社会の教育と開発を目指してさまざまな事業を展開しています。中でも青少年の自立を目指すニューライフ・プロジェクトには一九八八年以来、天台宗が援助を続けています。また、タイの南部チュンポーン県にあるニューライフ・プロジェクトの

施設には、比叡山延暦寺から援助された「ともしびの館」が建設されていて、視察団が訪問し青少年との交流を重ねています。

三、パンニャ・メッタ子どもの家（インド）支援活動

九歳のときに来日し、比叡山で出家して修行したサンガラトナ・マナケ師が、インドのナグプールに仏教実践施設「禅定林」という拠点を設け、その活動の一環として孤児院「パンニャ・メッタ・バールサダン（智恵と慈悲の子どもの家）」を建設して、貧しい子どもたちに生活の安定と仏教的情操教育を与え、将来のインド社会に貢献できる人材の育成につとめています。この目的を達成するにあたり、パンニャ・メッタ子どもの家の運営の基金が必要ですが、一隅を照らす運動総本部では毎年支援金を送るとともに、子どもたちに育英金

パンニャ・メッタ子どもの家

を支給しています。

四、ラオス学校建設

ラオスでは唯一の義務教育である小学校ですら、就学率は五十％以下だといわれています。その原因は小学校の絶対数そのものの不足によるものです。小学校は全土で七千校が必要であるにもかかわらず三千校程度しかなく、しかもそのほとんどが竹やニッパ椰子の葉で葺かれた建物で、柱が傾いても、村民による修理が追いつかない状態です。一隅を照らす運動地球救援事務局では平成四年より、ラオスの教育省や現地で活動を続けるボランティア団体（ＢＡＣ仏教救援センター）を通じて、学校建設の支援を続けています。これまでに二十二校の中学校、小学校、幼稚園を建設。平成八年（一九九六）春には、資金援助のみならず、学校建設団を派遣し、ビエンチャン郊外ノンニャオ村に小学校を建設しました。平成十六

ラオス小学校

年（二〇〇四）三月にも学校建設団を派遣し、学校建設を行いました。また、タイ・ラオス交流親善視察団も同年十二月に派遣しました。

五、国内被災者救援活動

阪神大震災被災者支援、日本海流出重油回収ボランティア、北陸地方豪雨被災者支援などをはじめとする、国内被災者支援活動です。地球救援募金からの援助はもちろんのこと、現地に赴いてのボランティア活動も行っています。

六、教育里親制度

支援金を一隅を照らす運動総本部が取りまとめ、現地の施設や団体を通じて、責任を持って子どもたちに届ける教育費の支援事業です。

七、地球救援募金

私たちは自分一人の力で生きていくことはできません。自分を取り巻く地球上のすべての存在によって生かされているのです。一隅を照らす運動総本部では、生かされていることの自覚と感謝の心の実践として「慈愛の心で助け合い」をスローガンに『地球救援募金』を展開しています。

八、全国一斉托鉢

比叡山開創千二百年慶讃大法会を記念し、昭和六十一年（一九八六）十二月一日より毎年十二月一日を「全国一斉托《たく》鉢《はつ》の日」と定め、地球救援募金活動の一環として「慈愛の心で助け合い」のスローガンのもと、天台宗をあげて托鉢を実施しています。

全国一斉托鉢

九、写経推進運動

心の願いを込めて浄書された写経は、「百万巻写経」として比叡山延暦寺の法華総持院《そうじいん》東塔に永久に納めさせていただきます。写経納経料は、一隅を照らす運動の活動資金や地球救援募金として、支援活動に当てられています。

十、一隅を照らす日（毎月四日　個人のボランティア活動）

一隅を照らす運動総本部では、毎月四日を「一隅を照らす日」と設定し、それぞれの家庭や支部など、身近なところから清掃奉仕・リサイクル・資源節約などのボランティア活動を推奨しています。

世界の諸宗教との対話

世界にはいまだ戦禍が絶えず、それらの多くは宗教や民族の問題が原因となっています。天台宗の基本となる精神は、「すべての人は仏と同じ慈悲の心を持っている」というものです。人種や民族、宗教、習慣、思想が違っていてもみな仏の子であるという固い信念です。

その信念に基づいて、昭和六十二年（一九八七）八月三日、四日、比叡山開創千二百年を記念して「比叡山宗教サミット」が比叡山で開催されました。仏教、キリスト教、ユダヤ教、イスラム教、ヒンドゥー教の他、世界の諸宗教の代表者が比叡山に集まり、相互理解を深め、共に平和を祈りました。これは、前年にイタリアのアッシジで行われた、「世界平和祈願の日」の精神を受け継ぐものでした。また、その際に第一回の比叡山メッセージが採択されました。

「比叡山メッセージ」

一九八七年八月三日、四日、比叡山開創一千二百年を記念して、平和のために祈るべく「比叡山宗教サミット」に参集したわれわれ、世界の諸宗教の代表者は、世界平和に真摯な思いを寄せる宗教者および他のすべての人びとに対して、心からのメッセージを送りたいと思う。

平和のために祈るべくわれわれがこの地に集うことは、一九八六年十月、諸宗教の指導者が集ったアッシジにおける世界平和祈願の日のあの開かれた精神をいまここに継承するものである。かの地に集った宗教指導者たちは、自らの宗教的伝統を忠実に守り、自らの信仰を貫きながら、しかも今日の悩める世界に対して、平和と人間の大義に献身しようとする宗教共通の決意を力強く証そうとした。

比叡山宗教サミット

平和の願いは、いかなる宗教にとっても根本的なものであることをわれわれは認識し、かつ主張する。そもそも平和とは、単に戦争がないということではなく、人間どうしの睦み合う融和の状態、人類共同体の実現をいう。およそ正義や慈悲のないところに平和はない。かかる平和こそ、すべての宗教者によって誠実に希求されなくてはならない。

われわれが祈るとき、われわれはまず平和の務めに相応しからぬことを認めざるをえない。そのゆえに、より忠実に献身しうるよう、自らの内面的革新をひたすら乞い求める。平和のために祈ることとは、平和のために働くこと、そして平和のために苦しむことですらある。平和の大義に対する奉仕と犠牲は、さまざまなかたちや方法であらわされ、紛争の解決、核兵器および通常兵器の軍縮、開発、環境の保全、人権、難

世界宗教者平和の祈りの集い

民への配慮、不正な社会制度の変革などに資する働きとして具現されるであろう。宗教者は、常に弱者の側に立つことを心がけねばならない。

われわれの使命はあまりに大きく、われわれの力はあまりに小さい。それゆえわれわれは、まず祈りから始めなければならない。われわれを超えた大いなる力によってわれわれの真実の祈りは聴かれ、われわれの切なる願いは顧みられることをわれわれは認識し確信する。祈りや瞑想、さらに感謝を通して、われわれの心と思いは浄められ、ささやかなりとはいえ平和のために役立つものとならしめられるであろう。

平和のために祈るべくここに集まったわれわれの営みが、世界の到るところで繰り返され、繰り拡げられ、全人類が渇望してやまないこの大いなる平和の賜物が、われわれの時代に与えられんことを切に祈る。

「比叡山宗教サミット開催」以来、比叡山では毎年八月四日に「世界平和祈りの集い」が続けられています。世界のさまざまな宗教者とともに、「比叡山メッセージ」の精神に基づき、平和の祈りを捧げているのです。

また、天台宗では世界各地で開かれる宗教対話に積極的に参加し、世界平和の実現を目指して精力的に活動しています。仏教による世界の宗教間の橋渡しを目標としています。宗教とは心の指針となるものであり、それによって平和へと導いていかなければなりません。天台宗は伝教大師の精神を大切な柱とし、諸宗教の人々と共に世界平和へと努力を続けています。

第六章　伝教大師のことば

伝教大師は、現代を生きる私たちの指針になる言葉を数多く遺されています。本章では伝教大師の主要な教えを拾いながら、今を生きる私たちのあり方を考えてみたいと思います。

『願文《がんもん》』
悠悠《ゆうゆう》たる三界《さんがい》は、純《もっぱ》ら苦《く》にして安《やす》きことなく、擾擾《じょうじょう》たる四生《ししょう》は、唯《た》だ患《うれ》いにして楽《たの》しからず。牟尼《むに》の日久《ひひさ》しく隠《かく》れて、慈尊《じそん》の月未《つきいま》だ照《て》らさず。三災《さんさい》の危《あやう》きに近《ちか》づき、五濁《ごじょく》の深《ふか》きに沈《しず》む。

【現代語訳】

果てしなく広がった私たちの住むこの迷いの世界は、ただ苦しみばかりで少しも心安らかなことなどない。また、生まれては死にゆくことを繰り返す騒がしいばかりの命あるものたちは、ただ患いにみちていて楽しむことなどない。

まして釈迦牟尼世尊《しゃかむにせそん》という太陽は、遠い昔に地に沈み隠れてしまい、やがて姿を現わすという弥勒仏《みろくぶつ》という月も、いまだ昇らずこの世を照らしてはいない。しかもこの世界には、すべてが滅してしまうという火災・水災・兵災の三つの危険が近づいており、末世の徴候である五つのみだれもあらわれ、私たちは深いふちに沈みつつある。

【解説】

東大寺での受戒直後に比叡山に登った若い伝教大師が、修行のかたわら、自らの願うところを記した文章が『願文』で、これはその冒頭の部分です。伝教大師は、自分の生きている時代や人々のありさまを観察し、そこには安楽はない、苦しみばかりであるととらえ、また仏が不在の末世であると見ていました。

では、現在の私たちはどうでしょうか。経済大国として発展してきた日本は、世界の多くの国々の中でも豊かで恵まれた国だといえます。スーパーやコンビニにはものが溢れ、欲しいものが欲しい時に手に入る何不自由ない社会が実現しました。しかしこうしたものの豊かさは、必ずしも心の安らぎには結び付いていないようです。テレビでは、常に新しい商品が紹介されています。現在の生活の不便さや不快さを指摘して、その製品が手に入れば、より便利で快適な生活が送れると誇示します。コマーシャルをはじめとする多くの情報が、一日中、私たちの欲望を刺激して止みません。私たちを取り巻く情報社会は、心落ち着く世界とはいえません。

また日本は、世界一の長寿社会を実現しました。多くの人が、より長い人生のなかで、豊かで明るい生活を送ることが可能となったのです。とはいえ、最終的には誰ひとりとして老いや病気から逃れることはできません。穏やかな日常の中に、必ず訪れる老・病・死の苦しみを隠しているようです。

さらに世界を見れば、各地域でおこっている紛争は、決して他人事では済まされない問題です。また自然環境の悪化や地震や津波、台風などの災害を目にするとき、私たち現代人を取り巻く環境も決して平安なものではないことが思い知らされます。

伝教大師が観察した平安時代の世のありさまと、現代の私たちの世界と、そこに大きな違いがあるわけではありません。自分たちの置かれている状況を深く心に思うことからはじめる必要性を、『願文』は訴えているのです。

『願文』
仙丸未《せんがんいま》だ服《ふく》せず、遊魂留《ゆうこんとど》め難《がた》し。命通未《みょうつういま》だ得《え》ず、死辰何《ししんいつ》とか定《さだ》めん。生《い》ける時《とき》、善《ぜん》を作《な》さずんば、死《し》する日《ひ》、獄《ごく》の薪《たきぎ》と成《な》らん。

【現代語訳】

不老長寿の仙人になれるという丸薬も、まだ飲んだことがないから、魂がこの身を離れていくことをおしとどめることはできない。自分の寿命を見定められるという神通力を得ていないので、死ぬ時がいつであると定めることができない。生きている間に善いことをしておかなければ、死んだ時に、その身体は地獄の炎で焼かれる薪《たきぎ》となってしまうであろう。

【解説】

人は必ず死を迎えます。仙人になれる薬を飲めば不老不死を得られるかもしれません。また神通力を得れば自分の死期を知ることができるかもしれません。しかし現実には、仙丸も神通力も得られません。人はいつ死を迎えるかもわからない、不安定な存在であると、伝教大師は指摘しています。

科学の発展した現在、多くの病気が克服されつつあります。以前であれば絶望視されていた病状であっても、最新の医療技術により治療され、普通の生活を送られるまでに回復したという話を耳にすることがあります。最先端の科学の力は、一見、現代人の病気も死も克服したようにも見えます。しかし残念ながら、どのように高度で進んだ医療技術をもってしても、不老不死や死を迎える日時を確定することは不可能です。死は必ず、万人のもとに訪れるのです。

インドで生まれた仏教では、生前に善い行為をしたものは、善い報いとして天に生まれますが、悪い行為をしたものは、悪い報いとして地獄に堕ちることになると教えています。

この因果応報の教えによれば、今生きている間に、少しでも可能な善行を行う必要があります。いつ消えるかわからない、はかない命であるからこそ、今生きていることに感謝し、各人が可能な善行に取り組むことを求めているのです。

『願文』
得難《えがた》くして移《うつ》り易《やす》きは、それ人身《にんしん》なり。発《おこ》し難《がた》くして忘《わす》れ易《やす》きは、これ善心《ぜんしん》なり。ここをもって法皇牟尼《ほうおうむに》は、大海《たいかい》の針《はり》、妙高《みょうこう》の線《いと》を仮《か》りて人身《にんしん》の得難《えがた》きを喩況《ゆきょう》す。

【現代語訳】
人間として生まれることは難しく、また生まれたとしてもその身体ははかなく移ろいやすい。善心は発すのが難しく、また発したとしても忘れやすい。だからこそ、仏法の世界の皇帝である釈迦牟尼世尊は、大海に落とした針を探して拾い上げる喩《たと》えや、須弥山という非常に高い山の頂から糸を垂らして、麓《ふもと》にある針の穴にその糸を通す喩えをもちいて、人間として生まれることの難しさを教えている。

【解説】

私たちは、自分が人間として生まれ、生きていることを当たり前のことと考えがちです。しかし、仏教では、すべての生きものは、天、人間、修羅《しゅら》、畜生《ちくしょう》、餓鬼《がき》、地獄という六つの世界のどこかに生まれゆくと教えています。善行を積めば、天の世界に生まれることができるけれども、もし殺生・盗み・嘘つきなどの悪行をおかせば、地獄や餓鬼の世界におちてしまうというのです。そうした不安定な人間の姿を、伝教大師は「得難くして移り易きはそれ人身なり」と指摘しました。

しかも、善行、善心によって人間に生まれるわけですが、善行・善心は起こしがたく忘れやすいものです。ですから人身を受けることは容易ではありません。大海に落とした針を拾い上げたり、世界一高い山の頂上から糸を垂らして麓の針の穴に通すように、万が一にも実現不可能なことが実現している、それが今ある私たちなのです。

　さらに、地獄や餓鬼など、他の五つの世界のどの生きものよりも、仏の教えを聞いて無常を感じ仏の道を実行する能力をそなえているのが人間です。仏の道の入り口に最も近い場所にいるのです。そう考えると、人間とはまったく「ありがたい」存在なのです。「ありがたい」存在であるけれども、人の一生は短く「はかない」ものである。だからこそ人間として今あることは尊いのです。大師は、人間はだれもが「尊厳」ある存在であると教えています。

『願文』

ここにおいて、愚《ぐ》が中《なか》の極愚《ごくぐ》、狂《おう》が中《なか》の極狂《ごくおう》、塵禿《じんとく》の有情《うじょう》、底下《ていげ》の最澄《さいちょう》、上《かみ》は諸仏《しょぶつ》に違《い》し、中《なかごろ》は皇法《おうぼう》に背《そむ》き、下《しも》は孝礼《こうれい》を闕《か》けり。

【現代語訳】

ここにおいて、愚か者のなかの愚か者、狂人のなかの狂人、塵《ちり》あくたにまみれた剃髪《ていはつ》した生きもの、最低最下である私、最澄は、上は諸仏の教えに違い、中ごろは国法に背き、下は父母や人々への孝や礼を欠いている。

【解説】

青年僧であった伝教大師の厳しい自己内省が読み取れる一文です。「極愚」「極狂」「塵禿」「底下」という表現に驚きを感じる方がいるかもしれません。しかし、こうした劣った存在である、最低な自分であるという自覚が、実は伝教大師の仏教観の基点となっていると思われます。

愚や狂という言葉は、中国の『天台小止観《てんだいしょうしかん》』という書物の中で、「禅定ばかり修して智慧を磨かないものを愚か者といい、智慧ばかり磨いて禅定を修することのないものを狂人という」とあるのを受けての表現です。ですから愚や狂を一般的な意味で、愚か者、狂ったものととらえてしまうと大師の意図と離れてしまうでしょう。

　伝教大師は、自分自身のそれまでの行動を省みて、仏教においては教学も修行も不十分であり、世間にあっては法律や孝礼も守れていない存在であると、自らを位置付けました。

　そしてこうした劣った存在であるが故に、仏教に向き合うのです。劣った自分のような存在がどのような教えによって、どのように修行したら、悟りへ向かうことができるのか。また自分と同じように苦しむ人々をどのようにしたら教え導いていくことができるのか。それを問いながら比叡山の修行に入りました。

　自分自身を深く見つめることは容易なことではありません。自分のこととなると、つい甘くなったり言い訳を探してしまいがちです。しかし、因果の道理を知り、今ある自分の尊厳に気付くならば、大師の真摯な内省を思い、自らの行動を正直に見つめ直すことが必要なのではないでしょうか。

『願文』

伏《ふ》して願《ねが》わくは、解脱《げだつ》の味《あじ》、独《ひと》り飲《の》まず、安楽《あんらく》の果《か》、独《ひと》り証《しょう》せず。法界《ほうかい》の衆生《しゅじょう》と同《おな》じく妙覚《みょうがく》に登《のぼ》り、法界《ほうかい》の衆生《しゅじょう》と同《おな》じく妙味《みょうみ》を服《ふく》せん。

【現代語訳】

心から願う。解脱という味を独りだけで飲むことはしない。安楽という結果に独りだけでは至らない。この世界のすべての人々と共に、同じ最高の悟りの境地に登り、この世界のすべての人々と共に、悟りの妙なる味を楽しみたい。

【解説】

仏道修行に励む目的は、さまざまな煩悩から開放されたやすらかな境地に到達するためです。しかし、そこに自分独り安住していては、他の人にとっては意味のない独善的境地でしかないことになります。伝教大師は自分だけではなく、この世界のすべての人と共に、悟りの境地を味わい楽しみたいと願ったのです。大乗仏教の利他の精神がよくあらわれたことばといえます。

私たちはふつう、自分の生活が少しでも豊かになるように、また安楽になるようにと考えて行動します。一生懸命に働き多くの収入を得ることは、間違ったことではありません。より多くの収入を得て、より多くの自分の欲しいものを手に入れる。ささやかであっても、幸せな気分を味わうことができます。しかし逆に、自分や自分のものに損害があった場合には、非常な怒りや悲しみに襲われることになります。

私たちが味わう喜びも苦しみも、自分を価値の中心に置き、判断しているからに他なりません。こうした自分に対するとらわれこそが苦の原因であると仏教では考えます。

ではそのとらわれから自由になるには、どうしたら良いのでしょうか。それには、他人のことも考えて行動するところから始めることです。最初は身近な人、たとえば家族や近隣の人など親しい人から始めて、その思いを広げていく。さらに人間だけでなく生きものすべてに、地球全体、宇宙全体まで心を広げていく。自分とこの世のあらゆる存在とのつながりを思うとき、自分へのとらわれから自由になれるのです。それは決して容易ではありません。しかし、他の人、他の生きものと共に歩み、少しでも皆が安楽となる世界を目指すことこそが、伝教大師が理想とした境地なのです。

『願文』

願《ねが》わくは、必《かなら》ず今生《こんじょう》の無作無縁《むさむえん》の四弘誓願《しぐせいがん》に引導《いんどう》せられて、周《あまね》く法界《ほうかい》に旋《めぐ》らし、遍《あまね》く六道《ろくどう》に入《はい》り、仏国土《ぶっこくど》を浄《きよ》め、衆生《しゅじょう》を成就《じょうじゅ》し、未来際《みらいざい》を尽《つく》すまで恒《つね》に仏事《ぶつじ》を作《な》さんことを。

【現代語訳】

願うところは、必ずこの一生において、わけへだてなく、こだわりなく、すべての人を悟りへ導き、煩悩《ぼんのう》を断じ尽し、仏法を学び極め、仏道を完成するという大きな誓願に導かれて、あまねく世界にめぐり、あまねく迷いの六種の世界に入り、それらの世界を仏の国土として浄め、人々の悟りを完成させるまで、未来の果てまでも仏道修行を続けることである。

【解説】

四弘誓願《しぐせいがん》とは、菩薩がたてる四つの大きな誓いをいいます。

第一は、「衆生無辺誓願度《しゅじょうむへんせいがんど》」です。自分の家族や友人といった、特定の誰かを救おうというのではありません。数限りない生きものを救おうという誓いです。それは、非常に困難なことですが、とらわれから離れるためにも、数限りない生きものにまで対象を広げて仏道に臨むのです。

第二は、「煩悩無尽誓願断《ぼんのうむじんせいがんだん》」です。心に滅してはわき上がる無数の煩悩を断じ尽くそうという誓いです。

第三は、「法門無量誓願学《ほうもんむりょうせいがんがく》」、第四は、「仏道無上誓願成《ぶつどうむじょうせいがんじょう》」です。これは、無量にある仏教の教えを学び、無上である悟りの境地に到達しようという誓願であり、いずれの誓いも終わりのない修行を意味しています。一つの成果に満足し、一つの境地に留まっていることは許されません。無限の未来までも続く仏道修行を自らに課す厳しい誓願なのです。しかしまたこの誓願は、有限な自分を無限の衆生や無上の境地と結び付け、励ます大きな力であるともいえます。遙か彼方に見える目標も、自らの一歩を進めることでしか近づくことはできません。目標に向け歩み続けるなかに仏道が実現していくのです。

この四弘誓願を軌範に、あらゆる世界のあらゆる環境にある人々、地獄・餓鬼・畜生・修羅・人・天という迷いと苦しみにある人々を導き、悟りを完成させるまで、修行を続けるという強い決意を示して、伝教大師は願文を締めくくっています。

『山家学生式《さんげがくしょうしき》（六条式）』

国宝《こくほう》とは何物《なにもの》ぞ。宝《たから》とは道心《どうしん》なり。道心《どうしん》あるの人《ひと》を名《な》づけて国宝《こくほう》となす。

故《ゆえ》に古人《こじん》の言《いわ》く、径寸十枚《けいすんじゅうまい》、是《これ》れ国宝《こくほう》に非《あら》ず。一隅《いちぐう》を照《て》らす（照千一隅《しょうせんいちぐう》）、此《こ》れ則《すなわ》ち国宝《こくほう》なりと。

【現代語訳】

国の宝とは、何を指すのであろうか。宝とは仏道を求める心である。仏道を求める心を持つ人を、国宝と名付けるのである。だから昔の人も「直径一寸の宝玉が十個あるとしても、それは国の宝とはいえない。一隅を照らすもの（千里を照らし一隅を守るもの）、これこそ国の宝である」といっている。

【解　説】

『山家学生式』は、弘仁九年（八一八）から翌年にかけて、比叡山における僧侶養成に関して伝教大師が朝廷に提出した三通の上奏文（六条式・八条式・四条式）の総称です。

この「国宝とは何物ぞ」と始まる文章は、『六条式』の冒頭にあります。宝石などの物質が本当の国の宝なのではなく、仏道を求める心を持つ人材こそが国の宝である。国宝的人材養成こそが伝教大師の目的であることを明確に打ち出しています。

なお、「古人の言く」とは、中国の古典にある故事に基づくものです。魏《ぎ》の国王が斉《せい》の威王に「貴国はたくさんの宝があるでしょう」と問いかけたところ、「無い」と答えました。そこで魏王は「私の国は小さいが、直径一寸の宝石が十枚あって、車の前後十二台も照らすことができます。大国であるあなたの国に宝がないというのはおかしい」と問い返しました。それに対して斉王は「私の考える宝とは宝石などではありません。私には優れた家臣がいます。それぞれ国の境の一隅を守って敵に破られることなく、将軍となれば千里を照らし守るほどの人物です」と答えたところ、魏王は恥じて去ったという話です。伝統的には、「照于一隅」であるとみて「一隅を照らす」と読み慣わしてきました。ここでは、伝教大師御真筆の『六条式』に「照千一隅」とあることや、故事の内容から推して、このように訳も加えました。

また、天台宗では「一隅を照らす運動」を展開しています。それぞれの人間が、それぞれの環境の中で、自分の持てる能力を充分に発揮して活動してほしい。そうした人こそ宝であると考え、多くの人に社会のなかで一隅を照らす活動を行っていただくよう勧めています。

『山家学生式（六条式）』
古哲《こてつ》また云《いわ》く、能《よ》く言《い》いて行《おこな》うこと能《あた》わざるは国《くに》の師《し》なり。能《よ》く行《おこな》いて言《い》うこと能《あた》わざるは国《くに》の用《ゆう》なり。能《よ》く行《おこな》い能《よ》く言《い》うは国《くに》の宝《たから》なり。三品《さんぼん》の内《うち》、ただ言《い》うこと能《あた》わず行《おこな》うこと能《あた》わざるを国《くに》の賊《ぞく》となすと。

【現代語訳】

昔の哲人は「自分の考えをよく主張できるが、実行をともなわないものは、国の教師である。実行ができても、自分の考えをうまく主張できないものは、国の働き手である。実行力があって、自分の考えをよく主張できる人こそ国の宝である。上級が国の宝、中級が国の教師と働き手となるが、自分の考えを言うこともできなければ、行うこともできないものは、下級で国のためにならないものである」と言っている。

【解説】

前文に続けて、天台宗で養成しようとする人材の特質を、中国の哲人(牟融《ぼうゆう》『理惑論《りわくろん》』)のことばを借りて述べています。すなわち、発言力も実行力もある人材を国の宝に、発言力のある人材を国の師に、実行力のある人材を国の働き手として育てようと考えたのです。ただ発言力や実行力と言っても、仏教の精神に基づき、自分を律し他人を思いやる発言であり行動です。そうした発言や行動が、国とそこに住む人々にとって、大切な宝となるのです。そのことはまた、「言うことも行うこともできないものは国の賊である」という厳しい評価にも表われています。実は自分には大きな能力があるのにも関わらず、言うべきことを言わない、行うべきことを行わない、また独りよがりの主張や自分勝手な行動をする、そのような人たちに向けた批判です。自分の能力を周囲のために発揮しないものこそ、賊なのです。それぞれが持つ能力に応じた活躍の場を与え、それぞれの個性を活かそうとしている点に、伝教大師の目指す仏教の姿が窺えます。

『山家学生式（六条式）』
乃《すなわ》ち道心《どうしん》あるの仏子《ぶっし》を、西《にし》には菩薩《ぼさつ》と称《しょう》し、東《ひがし》には君子《くんし》と号《ごう》す。悪事《あくじ》を己《おのれ》に向《む》かえ、好事《こうじ》を他《た》に与《あた》え、己《おのれ》を忘《わす》れて他《た》を利《り》するは、慈悲《じひ》の極《きわ》みなり。

【現代語訳】

すなわち、仏道を求める心を持っている仏弟子たちを、西のインドでは菩薩といい、東の中国では君子と名付けている。悪いことや嫌なことは自分で引き受け、良いこと好ましいことは他人にふり向ける、自分のことをおいて、他人に利益を与えることこそ、慈悲のきわまった姿である。

【解説】

道心を持つ人は、慈悲の精神にのっとり、自分よりも他人を優先した利他の活動を理想とします。経典に出てくる菩薩や中国古典に出てくる君子も名前は異なっていても、みな道心を持つ人材の具体的な姿です。

「己を忘れ他を利する」は、漢文では「忘己利他《もうこりた》」と書き、標語として掲げている寺院も多くあります。しかし、普段自分の利益や都合を優先して生活している私たちにとって、他人のために行動することの大切さは、頭でわかっていても、実行するとなるとなかなか難しいものです。他人のためと思って動いても、上手くいかないことも多いでしょう。しかし実現できないから行わない、一度やって失敗したからもうやらない、というのでは自分も周囲も向上していきません。「忘己利他」の理想を掲げ、そこに向けて努力していく心こそが道心なのです。

『山家学生式（八条式）』
草庵《そうあん》を房《ぼう》となし、竹葉《ちくよう》を座《ざ》となし、生《しょう》を軽《かろ》んじ、法《ほう》を重《おも》んじ、法《ほう》をして久住《くじゅう》せしめ、国家《こっか》を守護《しゅご》せん。

【現代語訳】
草で造った小室を住居とし、竹や葉を敷いて座るところとし、自分の生を守ることよりも仏法を求めることに重点を置き、仏法を永く伝えて国家を守護しよう。

【解説】
「六条式」に続き上表された「八条式」は、「六条式」を補う修行に関する細則を定めています。比叡山上での修行生活は、仏法を広め国を守ることを目的としていました。ですから、そこでの生活は、草庵を住居に竹葉を座とするような簡素な環境と規定したのです。

今でも、比叡山の修行生活の特徴を「論・湿・寒・貧」と表現します。論は、論議すなわち仏教教学上の議論が盛んに行われること、湿とは、湿気が多く、寒とは寒く、貧は貧しいということです。このことは、比叡山の過酷な修行環境を示しています。

実際、伝教大師当時、比叡山での修行は厳しく、また経済的にも苦しかったようです。必要最低限の物資のなかで、まさしく自分の肉体を顧みずに、一心に仏道修行に専念する状況だったのです。しかも修行期間は十二年間と定められていて、修行を途中で断念する者も多くいました。

伝教大師の理想とする国宝的人材は、仏法を伝え広め国を守るという目標のため、こうした厳しい修行を経て養成されたのです。

『山家学生式（四条式）』
国宝《こくほう》、国利《こくり》、菩薩《ぼさつ》に非《あら》ずして誰《た》れぞや。仏道《ぶつどう》には菩薩《ぼさつ》と称《しょう》し、俗道《ぞくどう》には君子《くんし》と号《ごう》す。其《そ》の戒《かい》、広大《こうだい》にして真俗一貫《しんぞくいっかん》す。

【現代語訳】

国の宝であり、国に利益をもたらすものは、菩薩でなくてだれであろうか。仏道では菩薩といい、また俗道では君子といわれる人である。そうした人が持つ大乗戒は、広く大きく、出家者と在家者を一貫する戒律である。

【解　説】

出家者であれ在家者であれ、国の宝として国に利益をもたらす尊い人々がいます。呼び方は菩薩であったり君子であるかもしれませんが、皆な大乗の精神にのっとって、他人のため社会のためを考えて活動しているのです。こうした利他の精神の自覚を促すものが大乗戒なのです。ですから、出家や在家という違いにとらわれるものではありません。すべての人を貫く戒律なのです。真俗一貫という表現に、伝教大師の主張した大乗戒の性格が端的に示されています。

現在の天台宗では、一般の檀信徒の方々にもこの大乗戒の受戒をお勧めしております。伝戒大和上《でんかいだいわじょう》に導かれ戒を授かり、自ら天台宗の檀信徒として菩薩の道を志すことを誓う受戒は、厳粛な儀式とも相まって、多くの方々に感動と日々の生活の指針を与えるものとなっています。

『天台法華宗年分縁起』
一目《いちもく》の羅《ら》、鳥《とり》を得《う》ること能《あた》わず。一両《いちりょう》の宗《しゅう》、何《なん》ぞ普《あまね》く汲《く》むに足《た》らん。

【現代語訳】

一目の網では鳥を捕まえることができないという。一つや二つの宗派で、どうして広大な仏教を汲みつくすことができようか。

【解　説】

天台宗に年分度者と呼ばれる国家公認の僧侶の枠を与えてもらおうと、延暦二十五年（八〇六）に上奏した文章の一節です。それまで、年分度者は三論宗と法相宗の二宗派に限定されていました。伝教大師は天台法華宗も含めて広く諸宗に配当するよう見直しを提案したのです。

仏教は相手の能力や状況に応じて説かれたため、さまざまな教説を含んでいます。したがって、一つや二つの宗派では、その全体を把握することはできません。伝教大師は、数多くある仏教の教えそれぞれの意義を認識した上で、広く日本に伝えるためには、多くの宗派の僧侶が必要であると主張されたのです。自分の教えだけでなく、他の教えも認めていこうとする点に、宗祖の目指した仏教があります。

相反する価値観が併存する現代にあっては、批判や排除だけでは、全体の調和は図れないことは明らかです。お互いの主張や意義を認め合いながら、全体の向上に向けた絶え間ない努力が必要であると、宗祖のことばは訴えています。

『顕戒論』

大海《たいかい》の水《みず》は、蚊飲《ぶんいん》を遮《しゃ》せず。

【現代語訳】

大海の水は、蚊が飲むことを拒むことがない。同様に菩薩戒は広大で、すべての人が受け持つことを拒むことはない。

【解説】

伝教大師の主張した菩薩戒は、出家者でも在家者でも、国王、大臣から庶民まで、天人から鬼神まで受けることができる戒律です。それは、広大な海が、その水を蚊が飲むことを拒むことがないようなものであると指摘しているのです。小乗の戒律が、限られた出家者のための戒律であるのとは対照的に、大乗の菩薩戒は、あらゆる人に共通の行動軌範を教える戒律です。

『守護国界章』
妙法華《みょうほっけ》の外《ほか》、更《さら》に一句《いっく》の経《きょう》なく、唯一乗《ただいちじょう》の外《ほか》、更《さら》に余乗等《よじょうとう》なし。

【現代語訳】

仏教には数多くの経典があるが、すべての経典は『妙法蓮華経』であって、他に一句として『妙法蓮華経』でないものはない。仏教には数多くの教えがあるが、すべての教えは一乗（だれもが仏となれる）であって、他にはどのような教えもない。

【解説】

伝教大師は、『法華経』を拠りどころとした天台宗を開宗しました。その『法華経』の言わんとすることは、仏がこの世に出た唯一の目的は、人々に悟りを得させるためであるということです。仏教の経典は、莫大な数があり、その教えも多岐にわたります。なかには、一見矛盾しているような説もあります。しかし、数多くの教えや経典があるのも、人々を導くための手段であり、皆な価値のあるものであるというのです。表面的な対立を超え、すべての仏教を『法華経』の精神のもとに理解しようとした伝教大師の仏教観が表現されたことばです。

『守護国界章』

古師《こし》、謬《あやまり》あらば、新師《しんし》、改《あらた》むべし。


【現代語訳】

古い師匠の見解に誤りがあることに気が付いたならば、今の学匠は、その誤りを訂正すべきである。


【解説】

先人や先学の意見は、貴重で大切にすべきものです。しかしもし、そのなかに間違いを発見したならば、その誤りを訂正すべきであるというのです。もし誤りを誤りのまま放置してその意見に従うと、自分自身も愚かであることになるし、また尊敬すべき師も愚かであるという誇りを受けることになります。誤りがあれば素直に認めることが必要なのです。

『伝教大師消息』
蓋《けだ》し、劣《れつ》を捨《す》てて勝《しょう》を取《と》るは世上《せじょう》の常理《じょうり》なり。然《しか》れども、法華一乗《ほっけいちじょう》と真言《しんごん》一乗《いちじょう》と何《なん》ぞ優劣《ゆうれつ》有《あ》らん。

【現代語訳】

おもうに、劣るものを捨てて勝れたものを取るというのは、世間の常の理である。しかし、法華一乗と真言一乗では、どこに優劣があるというのであろうか。

【解　説】

延暦二十五年（八〇六年）伝教大師の上表により、天台宗の僧侶として天台学と密教を学ぶ年分度者二名が公認されました。しかし伝教大師が中国で学んできた密教は、充分なものではありませんでした。そこで同じ遣唐使団で中国に渡り密教を専門に学んで帰国した弘法大師空海から密教の伝授を受け、また弟子も弘法大師のもとで密教修学にあたっていました。そうしたなか、伝教大師が自分の後継者と考えていた泰範《たいはん》が、弘法大師の弟子となってしまい比叡山へ帰って来ないという事件が起りました。その泰範にあてた伝教大師の書簡にあるのが、このことばです。

伝教大師は法華経の教えも密教の教えも、ともに人々を悟りへ導くための教えであって、そこに優劣はないと考えていました。大師の考えは、法華経の一乗思想に基づくものです。しかし密教を中心に置く弘法大師の考えとは相違するものでした。結局二人はその後、別々の道を歩み、それぞれが理想とする仏教を築き上げていくのでした。

『伝述一心戒文《でんじゅついっしんかいもん》』

一身《いっしん》弁《べん》じ難《がた》く、衆力《しゅうりき》成《じょう》じ易《やす》し。

【現代語訳】

仏法を伝えようとしても、一人の身だけでは充分に伝えることは難しい。しかし多くの人の力を合わせるならば容易となる。

【解説】

比叡山上に梵鐘鋳造《ぼんしょうちゅうぞう》の助力を願った文章に出ることばです。釈尊が滅してから長い時間がたった時代、仏教を正しく理解し伝えるのは困難なことです。一人の力だけでは、どうしても独善的になったり、充分に人々に伝えることができません。多くの人の力を合わせ取り組むことが必要なのです。

『伝述一心戒文』

道《どう》、人《ひと》を弘《ひろ》め、人《ひと》、道《どう》を弘《ひろ》む。道心《どうしん》の中《なか》に衣食《えじき》あり、衣食《えじき》の中《なか》に道心《どうしん》なし。

【現代語訳】

仏道が、仏法を知る人を広め、またそうした仏法を知った人が仏道を広める。仏道を求める心の中に、衣食はあるのであって、衣食を求める中には道心はない。

【解　説】

弘仁三年（八一二）、伝教大師が病床にあって、弟子に伝えたことばです。仏の教えを伝え広める基本は、人にあります。どんなにすぐれた教えでも、それを理解し広める人がいなければ伝わりません。そのためには、真に仏道を求める心が何より大切なのです。しかし、人は衣食が無ければ生きていけません。そこでどうしても目先の物質的な欲求充足を優先させてしまうのですが、そこには、本当の安楽は有りません。伝教大師は、仏道を求める中にこそ、自然と衣食もついてくるし、心の平安が得られるというのです。ものがあふれ何不自由ない現代こそ、伝教大師のこのことばは大きな意味を持つのではないでしょうか。

『伝述一心戒文』
怨《うら》みを以《もっ》て怨《うら》みに報《むく》ゆれば、怨《うら》み止《や》まず。徳《とく》を以《もっ》て怨《うら》みに報《むく》ゆれば、怨《うら》み即《すなわ》ち尽《つ》く。

【現代語訳】

怨みに対して怨みで対応している限り、怨みが止むことはない。怨みに対して徳をもって対応するならば、怨みは尽きるのである。

【解　説】

弟子の光定《こうじょう》がまとめた「伝述一心戒文」にあることばです。怨みに対して怨みで対応していては、連鎖的に怨みが生まれるばかりです。怨みに対しても徳、善の心を持って対応していけば、相手の怨みも解消されるということです。同様のことばは、釈尊のことばである『法句経』第五偈の中にも見られ、仏教の根底にある教えであります。

人間関係はもとより、国際関係においても、怨みの連鎖が悲劇的な結果を招くケースが多々あります。相手の懐く悪意や怨念をいかに静め穏やかな関係を構築するか、一つの方向を示していることばです。

『伝述一心戒文』

我《わ》が為《ため》に仏《ほとけ》を作《つく》る勿《なか》れ、我《わ》が為《ため》に経《きょう》を写《うつ》す勿《なか》れ。我《わ》が志《こころざ》しを述《の》べよ。

【現代語訳】

私が亡くなった後、私を供養するために仏像を造ってはいけない。私の供養のために経典の書写をしてはいけない。ただ私の志しを実践し伝えよ。

【解説】

伝教大師が、自分の死後、弟子たちに期待したことは、自分を供養するための造像や写経ではありませんでした。自分の意志を継いで天台宗を発展させ、浄仏国土《じょうぶつこくど》を実現することでした。それは、大乗戒壇《だいじょうかいだん》の建立であり、大乗の菩薩僧の養成に他なりません。幸いに大師の死後、七日目に戒壇設立の勅許が下され、大師の希望した通り比叡山上で僧侶養成が可能となりました。伝教大師の志しを継ぐべく多くの弟子たちが懸命に尽力し、比叡山の学問も修行も充実していきました。慈覚大師円仁《じかくだいしえんにん》や智証大師円珍《ちしょうだいしえんちん》は、中国に渡って密教を学び、真言宗に並ぶほどに密教の充実をはかりました。

また恵心僧都源信《えしんそうずげんしん》は浄土教の教えを世に広めました。多くの学生が比叡山に集まり、伝教大師のめざした天台宗の教えを学び人々に伝えていったのです。鎌倉期の各宗祖師が皆な比叡山に学んだことも、大師の志しが受け継がれたからだといえるでしょう。

現代に生きる私たちも、伝教大師の教えを学び、その志しを少しでも活かしていくよう日々の生活をつとめていきたいものです。

おわりに

二〇〇六年、伝教大師最澄が比叡山に日本天台宗を改宗されてから一千二百年目を迎えることになりました。

仏教徒としてこの記念すべき法縁に値遇することはこの上もない幸せであります。

天台宗ではこれを記念して大々的に慶讃大法会を執行することとなり、その事業の一環として「伝教大師の生涯と教え」を広く一般の人々に知ってもらい、大師の足跡を末代まで伝えようとの出版計画が持ち上がりました。

天台宗当局、特に教学振興委員会（会長、雲井昭善博士）の要請によって大正大学天台学研究室がそれを実施することとなり、各方面の協力を賜りながら出版の運びとなりました。

出来るだけ広く皆さまにご覧いただけますように心掛けたつもりではありますが、ご不満の点も多々あると存じます。お気付きの点はどうか遠慮なく出版当局の方へお申し出下さい。

我々研究室一同もそれを受けて励みとし、より一層の精進を重ねるつもりでおります。

この書が広く世間一般の読者の心を癒し、比叡山と仏教大師におもいを寄せる勝縁とならんことを願ってやみません。

大正大学人間学部助教授　塩入　法道

伝教大師略年表

西暦	日本年号	天皇	事項
七六六	天平神護二	称徳	近江に生る（一説、七六七年）。・道鏡、法王となる。
七八〇	宝亀一一	光仁	十一月十二日得度。
七八三	延暦　二	桓武	一月二十日度牒出る。
七八五	四		四月六日、戒牒（東大寺）出る。 七月、比叡山入山。・近江国分寺焼く。
七九七	一六		十二月（？）、内供奉に任ぜられる。 一切経論書写を計画。
七九八	一七		十一月、比叡山に法華十講始修。
八〇一	二〇		十一月、南都十大徳を請じて法華十講。

八〇二	二一		四月（?）、和気氏主催の高雄山寺、天台三大部講会に招かる。 九月七日、天皇、和気弘世に、天台興隆の方途詔問。 九月十二日、天台法華宗還学生に任ぜらる。 十月二十日、訳語僧義真の同行を要請。
八〇三	二二		四月十六日、遣唐使に便して難波出発。
八〇四	二三		七月六日、肥前出発。九月一日、唐、明州鄮県着〔唐、貞元二〇〕。 九月二十六日、台州で陸淳と会う。その後、天台山へ登る。 十月（?）、天台山で行満等に学ぶ。・十二月弘法大師、長安へ。
八〇五	二四		三月二日、道邃から菩薩戒を受く。・〔唐、貞元二一〕。 四月十八日、越州峯山道場で順暁から灌頂を受く。 五月十八日、明州を出発。六月五日、対馬に到着。 七月四日、進官録上表。天台法文浄写開始。・弘法大師恵果から受灌。

八〇六	二五		九月、内侍宣、天皇の要請で灌頂。入唐の公験出る。
			一月三日、天台宗年分度者等奏請。
	(五月改元、大同元)		一月二十六日、天台法華宗年分度者等認可。・八月、弘法大師帰朝。
八一〇	弘仁 元	嵯峨	一月、宮中金光明会で年分度者決まる。・八月、薬子の乱。
八一二	三		五月八日、弘仁三年遺書。
			十一月十五日、弘法大師から金剛界灌頂を受く。十二月十四日、同胎蔵界。
八一三	四		『依憑天台義集』を著す。
八一四	五		一月十四日、宮中で諸法師と、天台教学について法論。
			春、豊前国の宇佐八幡、香春神宮寺で入唐無事の神恩報謝。
八一五	六		三月、新写の天台法門を七大寺に安置。
			八月、和気氏の請いにより、大安寺に天台を講演。
八一七	八		春節(?)、上野国、下野国へおもむく。

八一八	九	徳一の『仏性鈔』に対し、『照権実鏡』を著す。 二月、一向大乗寺建立を発願、天皇および藤原冬嗣に伝う。 暮春、小戒を棄捨。 四月二十一日、六所宝塔建立を発願。 五月十三日、『天台法華宗年分学生式』（六条）を著す。 五月十五日、『比叡山天台法華院得業学生式』を著す。 五月二十一日、「菩薩出家を請う表」上表。 八月二十七日、『勧奨天台宗年分学生式』（八条）を著す。 比叡山の四至を結界。 『守護国界章』を著す。
八一九	一〇	三月十五日、『天台法華宗年分度者回小向大式』（四条）を著す。 同日、「大乗戒を立てんことを請う表」を進む。 三月二十日、護命僧都一向大乗寺建立に反対。

			五月十九日、僧綱、「大日本六統表」を上進。 『天台法華宗年分学生名帳』『内証仏法相承血脈譜』を著す。 十一月、『顕戒論』完成。
八二〇	一一		二月二十九日、『顕戒論』『血脈譜』に「上顕戒論表」を添え進上。
八二一	一二		三月、『顕戒論縁起』を史記官に進上。 『法華秀句』を著す。
八二二	一三		六月四日、入寂。 六月十一日、大乗戒聴許。

執筆者一覧

雲井昭善（くもい・しょうぜん）天台宗教学振興委員会会長

小林隆彰（こばやし・りゅうしょう）天台宗教学振興委員会委員

多田孝正（ただ・こうしょう）大正大学教授

齊藤圓眞（さいとう・えんしん）大正大学教授〔第三章〕

塩入法道（しおいり・ほうどう）大正大学助教授〔第一章（部分）〕

池田宗讓（いけだ・しゅうじょう）大正大学助教授〔第四章〕

勝野隆広（かつの・りゅうこう）大正大学講師〔第六章〕

池田晃隆（いけだ・こうりゅう）大正大学講師〔第二章・三〕

神達知純（かんだつ・ちじゅん）大正大学綜合仏教研究所研究員〔第二章・一・二〕

木内堯大（きうち・ぎょうだい）大正大学綜合仏教研究所研究員〔第一章（部分）・第三章（部分）・第五章・二〕

画像提供

延暦寺・園城寺・日吉大社・勝常寺・安楽律院・大山寺・来迎院・太山寺・観音寺・西明寺・聖衆来迎寺・浅草寺・輪王寺・元三大師堂当執事・京都国立博物館・大阪市立美術館・滋賀県立琵琶湖文化館・平凡社・読売新聞大阪本社・(有)古都デザイン・野本覚成・加藤正規・鈴木行賢

大正大学まんだらライブラリー 7
伝教大師の生涯と教え

2006年10月1日 第1刷発行

編 者 天台宗教学振興委員会
天台学研究室 代表 多田 孝正
協 力 開宗千二百年慶讃大法会事務局
局長 天台宗宗務総長 濱中 光礼
奉行 延暦寺執行 清原 恵光
発行者 柏木 正博
発 売 大正大学出版会
〒170-8740 東京都豊島区西巣鴨3-20-1
電 話 03-5394-3045 FAX 03-5394-3093

題字 天台座主 渡邊惠進猊下
表紙カバー作画協力 小峰智行
制作・発行 株式会社ティー・マップ
(大正大学事業法人)
印刷・製本 共同印刷株式会社

 ISBN4-924297-40-2 C0215 Printed in Japan

大正大学まんだらライブラリー発刊に際して

二十一世紀に入り、世界と日本は危機的状況にあります。新世紀が希望でもって迎えられると思いきや、逆にアメリカにおけるテロと報復戦争でもって今世紀が始まりました。そしてその戦争が泥沼化しつつあります。

一方、二十世紀に先進国が遂行した高度経済成長による弊害は、ますます顕著になって今世紀に持ち越されました。高度経済成長は必ずや地球資源の浪費を招来します。その結果、資源の涸渇を招き、エネルギー危機になり、環境破壊が進行します。しかも今世紀に入って、世界最大の人口を持つ中国およびインドが高度経済成長国に加わってきました。ということは、二十世紀が解決できなかった諸問題がより増幅されて今世紀に突き付けられているわけです。世界はいま、破局を迎えており、日本もそれに連動して破局に直面しています。

それがゆえに、いま、日本人は「生き方」に迷っています。この混迷の時代をどう生きればいいのか、戸惑っています。

いま、大いなる智恵が求められています。従来の智恵は役に立ちません。従来の智恵は、高度経済成長を支えるための智恵であり、競争原理にもとづく社会の中でうまく立ち回る智恵でした。しかし、競争原理にもとづく高度経済成長社会そのものが行き詰まっているのですから、その中で立ち回るための智恵は役に立たないのです。いま求められているのは、大いなる智恵であり、本物の智恵です。

幸いに大正大学は、仏教を創立の理念とした大学です。しかも宗派に所属する大学ではなしに、宗派を超えた仏教の大学です。そして仏教は、われわれに大いなる智恵、本物の智恵を教えてくれます。

それゆえ、この仏教の智恵を裏づけにし、同時に大学にふさわしい総合的な知識・情報を、混迷せる現代日本社会に発信していくのが大正大学の責務だとわたしたちは考えました。そのような意図でもって、われわれはこの「大正大学まんだらライブラリー」を世に送り出します。現代人の指針となれば幸いです。【二〇〇四年七月】

大正大学出版会の本

単行本

真っ赤なウソ
―地獄も極楽も真っ赤なウソ―

ベストセラーを独走する、養老孟司の仏教に関する最新講義集を一冊にまとめた。一見逆説じつはまともな、おもしろくて読みやすく、しかもためになる待望の一冊。

養老孟司 著

大正大学まんだらライブラリー

釈迦物語

あきらめよ！ 苦にするな！ 自由になれ！ 釈迦の教えをやさしく解き明かす著者最新の仏教入門書。仏教とは、釈迦の思い出を核とした宗教なのです。

ひろさちや 著

地獄訪問

地獄は本当に存在するのか？ 昔から語られてきた地獄の風景をユーモアたっぷりの挿絵を通して、あらためて、現代人の生き方を問いかけます。

石上善應 著

間違いだらけのメンタルヘルス

メンタルヘルスに関する勘違いや間違った情報はこんなにある。読んだあと、心が楽になる一冊。「自分は正常だ」と信じているとかえって危ない。

野田文隆 著

ホスピタリティー入門

サービス業はもちろん、製造業から小売業まで求められるホスピタリティーマインド。その基本的考え方と仕事に活かせる習得ノウハウをわかりやすく解説。

海老原靖也 著

雅楽のこころ音楽のちから

雅楽を通して考える日本文学の特色。時を超え、国境を越え、人間の魂を動かす音楽のちから。日本にしか遺っていない中国の古典音楽と日本文化の本質を説く。

東儀秀樹 著